Afiyet olsun!

gewidmet
meinen Großeltern Raziye und Durmuş Ali
und meinen Eltern Pakize und Ali

Semiha Stubert, geboren 1969 in Ereğli-Konya, Türkei, studierte in München und ist Juristin und Mediatorin. Sie verbrachte ihre Kindheit bei den Großeltern in Anatolien und lernte dort das Kochen. Mit über 30 Jahren Kocherfahrung zeigt sie hier die Feinheiten der türkischen Küche. Zur Zeit lebt sie in Oslo. www. semilicious.com

Claudia Lieb hat in Münster und an der Hochschule für Angewandte Wissenschaften in Hamburg Kommunikationsdesign studiert. Sie lebt in München und arbeitet dort in einer Ateliergemeinschaft als Illustratorin und Grafikerin. www.claudialieb.de

Gestaltung und Illustrationen: Claudia Lieb
Satz: typocepta, Wilhelm Schäfer, Köln
Druck und Bindung: Tlačiarne BB, Banská Bystica
Printed in the Slovak Republic
www.gerstenberg-verlag.de
ISBN 978-3-8369-2642-3

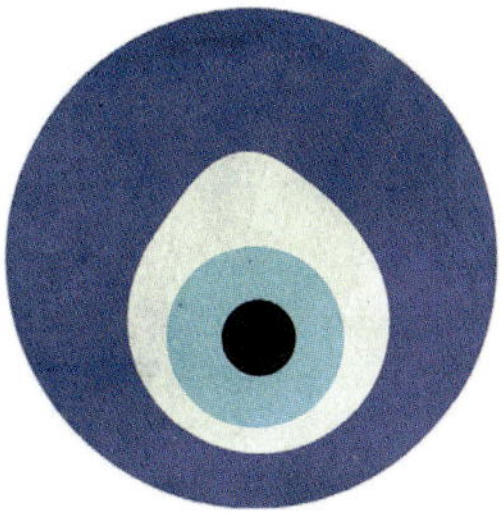

Semiha Stubert

Afiyet olsun!

Die wunderbaren Rezepte meiner türkischen Familie

Illustrationen
von Claudia Lieb

GERSTENBERG

Inhalt

DIE SEHNSUCHT MEINER KINDHEIT

Çocukluğumun hasreti

Ich bin bei den Eltern meines Vaters auf der Ereğli-Hochebene am Fuße des Taurusgebirges aufgewachsen, das uns vom Mittelmeer trennte. In meiner Erinnerung scheint dort immer die Sonne, sei es während der Obstblüte im Frühjahr oder bei der Apfelernte im Spätherbst. Wenn ich die Augen schließe, sehe ich den hellblauen Himmel am Horizont, der über mir leuchtend blau ist. Das Rauschen der Pappelblätter im Wind höre ich heute noch so deutlich, als würde ich daneben stehen.

Der Duft von wildwachsendem Thymian und frischer Minze scheint sich genauso tief in meine Erinnerung eingegraben zu haben wie der Duft des Zitronen-Colognes, mit dem Gäste begrüßt wurden. Den feinen Staub von den Straßen der Dörfer spüre ich schon beim Gedanken daran warm um meine Knöchel streicheln. Und die Erinnerung an den schmelzenden Teer, der jeden Sommer an unseren Schuhen festklebte, löst glückliches Lächeln bei mir aus.

Am liebsten saß ich bei den Tauben auf dem Dach und betrachtete die schneebedeckten Gipfel der Berge in der Ferne. Sobald ich ein Flugzeug am Himmel sah, rief ich dem Piloten so laut ich konnte zu, meine Eltern und Geschwister in Deutschland zu grüßen. Ich stellte mir vor, wie der Pilot zu meinen Eltern ging und meine Grüße überbrachte, während er bei ihnen starken Çay trank und türkischen Honig aß.

Bei meiner Großmutter – meiner Nene – lernte ich kochen. Wenn ich heute Almsuppe mit Minze zubereite, sehe ich sie vor mir: sie rührt ruhig die Suppe um und sagt mir durch den aufsteigenden Dampf, worauf ich achten muss, damit sie auch gelingt. Mit Nene war alles spannend und aufregend, ob wir zusammen kochten, auf den Markt oder einfach in den Garten gingen. Sie konnte zu jeder Zutat und zu jedem Gericht etwas erzählen. Sie brachte mir die Liebe zu den Zutaten bei, die Freude am Kochen und am Ausprobieren von Neuem. Meinen Großeltern verdanke ich die vielen Geschichten zu den Gerichten und wie deren Bezeichnungen entstanden sind.

Auch meinen Vater - meinen Baba - sehe ich in der Erinnerung in der Küche stehen und kochen. Die Teekanne dampfte und es duftete nach gebratenen Zwiebeln. Baba summte vor sich hin, schnitt Kartoffeln oder schälte Tomaten. Zuweilen hielt er inne und trank einen Schluck süßen Tee. Wenn wir eintraten, strahlten seine Augen und er erzählte: »Du musst ganz geduldig mit den Kartoffeln sein, damit du sie nicht mit Wasser erschreckst, bevor sie ihren Geschmack vollständig entfalten können.« Da wusste ich, dass meine Kochstunden bei Nene nahtlos von meinem Baba weitergeführt werden konnten.

Nie werde ich vergessen, wie meine Mutter mit ihren Schwestern in der Küche diskutierte, eine Hand an der Hüfte ruhend und mit der anderen gestikulierend; welche Füllung die Beste sei und ob das Gericht nun auf dem Herd, im Ofen oder doch in der Erdmulde gekocht werden sollte. Ich höre noch heute ihre Worte: »Lokum gibi oldu«. Nur wir Türken können herzhafte Gerichte wie Dolma mit süßem Lokum vergleichen.

Schon als Kind faszinierten mich Küchen und Märkte. Ich ging so oft wie möglich auf den Wochenmarkt und unterhielt mich mit den Verkäufern oder fragte den Köchen und Bäckern Löcher in den Bauch. Zu Hause bei meinen Eltern versuchte ich alles nachzukochen bzw. nachzubacken. Ich war zwar noch zu klein, um an der Küchenzeile meiner Eltern arbeiten zu können, aber das konnte mich nicht abhalten. Ich kletterte auf einen Stuhl und schälte, schnitt und rührte, während ich alles wiederholte, was ich erzählt bekommen hatte. In den Sommerferien war ich wieder in Anatolien, dort kochte ich die neu erlernten Rezepte mit Nene zusammen nach und bekam von ihr Tipps, wie ich diese verbessern könnte.

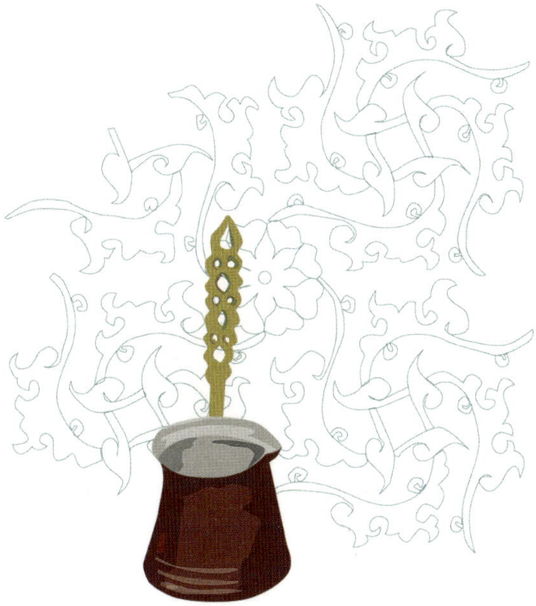

Wenn ich heute andere Länder bereise, gehe ich immer noch gerne auf Märkte, unterhalte mich mit den einheimischen Verkäufern und frage nach Zubereitungsarten von neu entdeckten Zutaten. Zu Hause angekommen, lade ich Familie und Freunde ein, koche alles nach und berichte währenddessen, was mir die Einheimischen erzählt haben. Es scheint für mich unmöglich zu sein, nicht über Essen und Esskultur zu reden.

Während unseres Aufenthaltes in Indien habe ich viel mit indischen Freunden gekocht, die von der Einfachheit der türkischen Küche begeistert waren. In Indien, Deutschland und England kochte ich mit vielen Interessierten, die mehr von der türkischen Küche erfahren wollten. Im Laufe der Jahre merkte ich, dass die Kochkultur, die ich so selbstverständlich in mir trage, ein großer und anderen verschlossener Schatz ist. So entstand die Idee, die Rezepte und Geschichten aus unserem Leben in Anatolien niederzuschreiben. In diesem Buch sind einige Geschichten sowie eine Auswahl an einfachen sowie festlichen Gerichten nach den Rezepten meiner Familie enthalten. Ich wünsche Ihnen viel Spaß beim Lesen der Geschichten und beim Ausprobieren der Rezepte. Afiyet olsun! – Guten Appetit!

DIE KOCHSTELLEN VON NENE UND IHRE SUPPENGESCHICHTEN

DIE KOCHSTELLEN VON NENE UND IHRE SUPPENGESCHICHTEN

Nene kochte am liebsten draußen. Die Sonne schien, die Blumen leuchteten prachtvoll und die leichte Brise am späten Nachmittag forderte die Blätter zum Gesang auf. Da nahm sie ihren handlichen Gaskocher, setzte sich auf die Terrasse und kochte. Die Küche im Haus nutzte sie nur im Winter oder wenn es unbedingt sein musste. Außerdem hatte sie zwei hufeisenförmige Kochmulden vor dem Haus - eine große für Töpfe und eine kleine für die Teekanne. Hinter dem Haus stand unser Brotbackhaus.

Großvater (Dede) hatte ihr ein hohes Brett gemacht. Eigentlich war es ein sehr dickes Brett aus dem Stamm eines Apfelbaums, den Dede gefällt hatte. Er hatte die Rinde entfernt und beide Schnittflächen glatt poliert. Das Holz war hoch genug, dass Nene am Boden sitzen und gut daran arbeiten konnte. Allerdings verwendete sie das Brett hauptsächlich für Arbeiten wie Fleisch würfeln, Geflügel zerteilen oder um mithilfe zweier Messer Hackfleisch herzustellen.

Wenn ich heute an meine Nene denke, sehe ich, wie sie ihre dunkle *Schalwar* (Pluderhose) leicht hochzieht, sich auf einen kleinen *Minder* (Sitzkissen) setzt, den Rücken an die kühle Wand lehnt, ihr weißes Kopftuch etwas öffnet und die Enden nach hinten umschlägt. Sie zieht den Gaskocher mit dem alten Topf zu sich heran und kocht. Sie war so geschickt, dass sie Zwiebeln, Knoblauch, Peperonischoten und Tomaten in einer Hand fein würfelte und dann direkt in den Topf gleiten ließ. Es zischte verheißungsvoll, wenn die Zwiebelwürfel in das heiße Olivenöl fielen. Der Duft gebratener Zwiebeln leitete fast jedes Gericht ein. Sie schüttelte kurz den Topf und fuhr fort, Zutaten direkt in den Topf zu schneiden. Ihre Finger schienen von den heißen Topfgriffen völlig unbeeindruckt zu sein. Nur zum Servieren nahm sie ihre bunten kleinen Topflappen.

Während die Suppe köchelte, erzählte sie, wie diese zu ihrem Namen kam. Oft kam Dede dazu und sie erzählten gemeinsam: In einem der vielen abgelegenen anatolischen Dörfer lebte einmal eine Frau. Eines Tages kochte sie eine einfache Suppe mit Bulgur und Kartoffeln und garnierte diese mit einem Esslöffel Joghurt. Mit klopfendem Herzen servierte sie die Suppe. Ihr

Ehemann schaute sie verdutzt an, nahm seinen Löffel und begann zu essen. Er blickte nicht auf, bis er die Suppe genüsslich aufgegessen hatte. Erst dann sah er auf, lächelte seine Frau an und lobte sie mit den Worten *»Aferim Avrat«* – »Gut gemacht, Liebste«. Am nächsten Tag wurde die kleine Tochter des Ehepaares von den Großeltern gefragt, was es denn bei ihnen zum Abendessen gegeben hätte. Die Enkelin strahlte über das ganze Gesicht und sagte ganz stolz *»Aferim Avrat Çorbası«.*

Oder die Geschichte von Ezo: Es war einmal ein kleines Dorf mitten in Anatolien, dort kam der Winter jedes Jahr bereits im Herbst. Es schneite und schneite und alles wurde von einer dichten weißen Schneedecke bedeckt. Die Bewohner rückten näher zusammen und bauten auch ihre Häuser nah beieinander. Abends sah dieses Dorf wie ein Schwarm Glühwürmchen aus. Einmal wollte der Winter einfach kein Ende nehmen. Die Vorräte gingen langsam zur Neige und die Bewohner sehnten sich nach etwas Abwechslung. Da überraschte die junge Braut Ezo ihre Familie mit einer neuen Suppe. Zwar bestand die Suppe wie üblich aus Linsen und Bulgur, aber sie schmeckte ganz anders. Sie duftete exotisch und schmeckte geheimnisvoll nussig. Ihre Familie war so begeistert und stolz, dass sie den anderen Bewohnern des Dorfes von der Suppe erzählte. Im Nu war die Suppe in jedem Haus des Dorfes bekannt und beliebt unter dem Namen *»Ezo Gelin Çorbası«* (»Die Suppe von der Braut namens Ezo«).

Manchmal fragte ich mich, ob sich diese Geschichten in ihrem Leben ereignet haben?

Ezos Bulgur-Linsen-Suppe
Ezo Gelin Çorbası

ZUTATEN FÜR 4 PERSONEN

200 g	kleine rote Linsen
1	Lorbeerblatt
3	Nelken
½ TL	geschrotete Koriandersamen
1 EL	Butter
2 EL	Tomatenmark (*Domates Salçası*)
4 EL	feiner Bulgur
1 EL	Mehl
	Salz, frisch gemahlener Pfeffer

FÜR DIE SAUCE

1 EL	Butter
½ TL	rosenscharfes Paprikapulver

ZUBEREITUNG

- Linsen waschen und zusammen mit Lorbeerblatt, Nelken, Koriandersamen sowie 1 l Wasser in einen Topf geben. Bei mittlerer Hitze in etwa 10 Min. weichkochen. Lorbeerblatt und Nelken entfernen. Linsen mitsamt der Flüssigkeit durch ein Sieb in eine Schüssel streichen.
- In einem Suppentopf 1 EL Butter zerlassen. Tomatenmark und feinen Bulgur hineingeben und kurz anschwitzen. Mehl darüber stäuben und mit einem Schneebesen unterrühren.
- Linsenpüree langsam dazugießen und kräftig mit einem Schneebesen unterrühren, damit keine Klümpchen entstehen. Unter ständigem Rühren zum Kochen bringen. Nach Bedarf etwas Wasser zugeben, es sollte eine sämige, nicht zu dünne Suppe entstehen. Mit Salz sowie Pfeffer würzen und bei geringer Hitze etwa 15–20 Min. köcheln lassen.
- Für die Sauce die Butter in einem kleinen Topf schmelzen, Paprikapulver hineinrühren und den Topf sofort von der Kochstelle nehmen. Die Suppe auf Schalen verteilen und jeweils mit Paprikabutter garnieren.

»Gut gemacht, Liebste«-Suppe
Aferim Avrat Çorbası

ZUTATEN FÜR 4 PERSONEN

1 EL	Butter
1	kleine Zwiebel, fein gewürfelt
2	große Kartoffeln, geschält und gewürfelt
2 EL	Tomatenmark (*Domates Salçası*)
100 g	Bulgur
je ½ TL	edelsüßes Paprikapulver und getrocknete Minze
	Salz, frisch gemahlener Pfeffer
200 g	Naturjoghurt

ZUBEREITUNG

- Die Butter in einem Suppentopf erhitzen und die Zwiebel darin glasig dünsten. Kartoffeln hinzugeben und bei mittlerer Hitze etwa 5 Min. anbraten. Tomatenmark und Bulgur zufügen, das Ganze gut verrühren und 2–3 Min. weiter braten.
- Paprikapulver und Minze untermischen. Mit 1 l warmem Wasser aufgießen und dieses zum Kochen bringen. Salzen, pfeffern und bei geringer Hitze etwa 20 Min. köcheln, bis die Kartoffeln weich sind.
- Die Suppe auf Teller verteilen und mit je 1 EL Joghurt garnieren.

Bulgurpfanne mit frischen Kräutern
Taze Otlu Bulgur Pilav

ZUTATEN FÜR 4 PERSONEN

2 EL	extra natives Olivenöl
1	Zwiebel, fein gewürfelt
1	türkische milde Peperonischote, fein gewürfelt
200 g	Bulgur
je ½ Bund	glatte Petersilie und Frühlingszwiebeln, gehackt
	nach Belieben zusätzlich 4 EL gemischte, frisch gehackte Kräuter, z. B. Thymian, Oregano und Minze
	Salz, frisch gemahlener Pfeffer

ZUBEREITUNG

- Olivenöl in einer großen tiefen Pfanne erhitzen. Zwiebel und Peperoni darin glasig dünsten.
- Bulgur zugeben und bei geringer Hitze etwa 5 Min. anschwitzen.
- 400 ml warmes Wasser angießen und das Ganze zum Kochen bringen. Salzen, pfeffern und bei geringer Hitze 15–20 Min. köcheln lassen, bis die Flüssigkeit verdampft ist.
- Herd ausschalten. Kräuter und Frühlingszwiebeln unterheben. Bulgur auf der noch warmen Herdplatte bis zum Servieren 10–15 Min. ruhen lassen.

Zucchiniküchlein mit Fetakäse
Peynirli Mücver

ZUTATEN FÜR 8–10 STÜCK

2	Zucchini, grob gerieben
2	Tomaten, entkernt und fein gewürfelt
½ Bund	Frühlingszwiebeln, fein gewürfelt
½ Bund	glatte Petersilie, gehackt
2	Eier, verquirlt
100 g	Fetakäse, zerbröckelt
2 EL	Mehl
½ TL	edelsüßes Paprikapulver
½ TL	Chiliflocken (optional)
	frisch gemahlener Pfeffer
	Olivenöl zum Anbraten

ZUBEREITUNG

- Alle Zutaten in einer Schüssel gut durchmischen und pfeffern.
- In einer Pfanne etwas Olivenöl erhitzen. Backofen auf 170 °C (Umluft 150 °C) vorheizen. Von der Zucchinimischung mit einem Esslöffel kleine Küchlein abstechen und diese mit ausreichendem Abstand zueinander ins heiße Öl setzen. Von beiden Seiten langsam knusprig braten. Fertige Küchlein im Ofen warm halten. Auf diese Weise die gesamte Zucchinimischung aufbrauchen. Die Küchlein heiß oder kalt servieren.

TIPP

Die Mücver schmecken auch ohne Fetakäse sehr gut. In diesem Fall bitte das Salzen nicht vergessen.

Frischer Kräutersalat
Bostan Salatası

ZUTATEN FÜR 4–6 PERSONEN

½	Romanasalat, in feine Streifen geschnitten
1 Bund	Brunnenkresse, grob zerpflückt
4	Tomaten, gewürfelt
½	Salatgurke, gewürfelt
½ Bund	Frühlingszwiebeln, fein geschnitten
1 Bund	glatte Petersilie, gehackt
1 Bund	Schnittlauch, gehackt
½ Bund	Minze, gehackt
je 1 TL	Zitronenmelisse und Zitronenthymian, gehackt
	nach Belieben Bärlauch, Löwenzahn- und Borretschblätter
4 EL	extra natives Olivenöl
2 EL	Zitronensaft
	Salz, frisch gemahlener Pfeffer
2 EL	Granatapfelsirup (*Nar Ekşisi*)

ZUBEREITUNG

- Salat sowie Brunnenkresse trocken schleudern und auf flachen Tellern arrangieren.
- Tomaten, Gurke, Frühlingszwiebeln und Kräuter in eine große Schüssel geben. Olivenöl und Zitronensaft zufügen, mit Salz und Pfeffer würzen. Das Ganze gründlich vermischen und portionsweise auf den mit Salatblättern ausgelegten Tellern verteilen.
- Vor dem Servieren jeweils etwas Granatapfelsirup in feinem Strahl kreisförmig auf den Salat fließen lassen.

DER FRÜHLING

DER FRÜHLING

Im Frühling bildeten meine Großeltern eine *»Milchgemeinschaft«* mit den Nachbarn. Eine einzelne Familie hatte nicht genug Milch auf einmal, um Käse oder Butter herstellen zu können. Also bekam die tägliche Milch jede Woche eine andere Familie. Jeder verwendete die gleiche Sorte Kupfertrog als Milcheimer. Als Maßeinheit dienten Hölzchen, die man in den Eimer tauchte, auf Höhe der Milch wurde eine Einkerbung angebracht. Damit wurde festgehalten, wer von wem wie viel Milch bekommen hatte - Buchführung ganz ohne Papier und Stifte.

Wenn wir an die Reihe kamen, standen die mit Milch gefüllten Eimer überall in der Küche herum. Die ganze Woche lag der buttrige Milchduft in der Luft. Unter dem zartrosa blühenden Kirschbaum baute Dede die Milchzentrifuge auf, um den Rahm von der Milch zu trennen. Er goss die Milch oben hinein und drehte langsam und gleichmäßig an der Kurbel, bis der Rahm seitlich in einen Eimer floss. Anschließend schlug Nene den Rahm solange in einem schmalen Holzbottich, bis sich Butterklümpchen bildeten. Sie wusch und salzte die fertige Butter und presste sie in hohe, weiß emaillierte Gefäße mit Deckel.

Die restliche Milch setzte Nene mit Lab für Käse an. Von morgens bis abends hingen die Baumwollfilter mit Käse zum Abtropfen an den Bäumen im Garten. Nene presste den abgetropften Käse für den Reifeprozess in Schaf- oder Ziegenhäute und nähte diese oben zu. Diese Häute hatte sie schon im Vorjahr gesäubert, gesalzen, getrocknet und zu kleinen Säcken genäht.

Dann machten wir gemeinsam einen Ausflug zu den Käsehöhlen, um unseren Käse dort bis zur Reife zu lagern. In die Höhle mussten wir mit einer Leiter hinabsteigen. Vorher zogen wir unsere mitgebrachten dicken Jacken an, denn dort unten war es kalt und dunkel. Wir klammerten uns an Dede und Nene, während sich unsere Augen nur langsam an die Dunkelheit gewöhnten. In der spärlichen Beleuchtung konnten wir die Regale an den Wänden nur erahnen. Kleine und große Käsesäcke standen nebeneinander aufgereiht. Jeder Sack trug ein Schild mit dem Namen der Eigentümer und

dem Eingangsdatum. Einige unserer Käsesäcke lagerten bereits mehr als zwei Jahre dort. Wir brachten neue hin und nahmen einen älteren mit.

Frühling hieß auch, dass es wieder Eier gab. Für uns Kinder waren Eier eine Delikatesse, weil es sie viel zu selten gab. Manchmal überraschte uns Nene mit zwei Spiegeleiern, die sie in viel Butter knusprig briet. Aber noch lieber aßen wir Eier mit Käse. Hierfür ließ sie reichlich Käse in Butter leicht schmelzen und schlug ein paar Eier darüber. Wenn sie die heiße Eisenpfanne zu Tisch brachte, zischte und brutzelte es noch. Es duftete herrlich nach geschmolzenem Käse und gebräunter Butter. Der Käse zog Fäden und schmeckte mit den cremigen Eiern köstlich.

Rührei mit Käse
Peynirli Yumurta

ZUTATEN FÜR 4 PERSONEN

1 EL Butter
100 g *Tulum Peyniri* (vom türkischen Feinkostladen) oder milder Fetakäse
4 Eier
frisch gemahlener Pfeffer
Chiliflocken (*Pulbiber*) oder Cayennepfeffer (optional)

ZUBEREITUNG

- Butter in einer Pfanne erhitzen. Käse hineinkrümeln und leicht schmelzen lassen.
- Eier verquirlen, über den Käse geben und bei mittlerer Hitze in etwa 2 Min. stocken lassen. Dann umrühren und mit Pfeffer sowie eventuell mit Chili oder Cayennepfeffer würzen. Sofort servieren oder kurz weitergaren.

Rührei mit Gemüse

Menemen

ZUTATEN FÜR 4 PERSONEN

3–4 EL extra natives Olivenöl
300 g türkische milde Peperonischoten, fein gewürfelt
500 g Tomaten, fein gewürfelt
5 Eier
Salz, frisch gemahlener Pfeffer
glatte Petersilie zum Garnieren, gehackt

ZUBEREITUNG

- In einer Pfanne das Olivenöl erhitzen. Zuerst die Peperonischoten etwa 5 Min. darin andünsten.
- Tomaten hinzufügen und etwa 3 Min. garen, bis das Fruchtfleisch weich zu werden beginnt.
- Eier in einer Schale verquirlen, über das Gemüse gießen und vorsichtig untermischen. Salzen und pfeffern. Eimasse stocken lassen, umrühren und entweder gleich servieren oder fester garen. Mit Petersilie bestreuen und zu Tisch bringen.

Petersiliensalat mit Eiern
Maydanoz Salatası

ZUTATEN FÜR 4 PERSONEN

3 Bund glatte Petersilie, gehackt
1 Bund Schnittlauch, gehackt
½ Bund Minze, gehackt
4 EL Zitronensaft
4 EL extra natives Olivenöl
Salz, frisch gemahlener Pfeffer
4 hart gekochte Eier, geschält und in Scheiben geschnitten

ZUBEREITUNG

- Petersilie, Schnittlauch und Minze in eine große Schüssel geben. Zitronensaft und Olivenöl hinzufügen. Mit Salz sowie Pfeffer würzen und das Ganze gut vermengen.
- Den Salat auf Tellern verteilen und jeweils mit Eischeiben belegen.

TIPP

Dieser Petersiliensalat eignet sich auch gut als Belag für Sandwiches.

Kartoffelsalat mit Eiern
Yumurtalı Patates Salatası

ZUTATEN FÜR 4–6 PERSONEN

1 kg	festkochende Kartoffeln, gegart, geschält und gewürfelt
5	hart gekochte Eier, geschält und geviertelt
3	mittelgroße Tomaten, gewürfelt
1 Bund	Frühlingszwiebeln, in Scheiben geschnitten
1 Bund	glatte Petersilie, gehackt
4 EL	Zitronensaft
4 EL	extra natives Olivenöl
½ TL	edelsüßes Paprikapulver
	Salz, frisch gemahlener Pfeffer

ZUBEREITUNG

- Alle festen Zutaten in eine große Schüssel geben. Zitronensaft und Olivenöl zufügen. Mit Paprikapulver, Salz und Pfeffer würzen. Das Ganze gründlich vermischen.
- Den Salat vor dem Servieren etwa 30 Min. durchziehen lassen.

Milchreis

Sütlaç

ZUTATEN FÜR 4 PERSONEN

200 g	Rundkornreis, gewaschen
1 Prise	Salz
1 l	Milch
150 g	Zucker
	Zimtpulver

ZUBEREITUNG

- Reis zusammen mit 500 ml Wasser und einer Prise Salz in einen hohen Topf geben. Zum Kochen bringen, dann die Temperatur reduzieren und den Reis etwa 5 Min. bei mittlerer Hitze köcheln lassen.
- Milch dazugießen und das Ganze nochmals zum Kochen bringen. Zucker unterrühren und den Milchreis bei geringer Hitze etwa 15 Min. köcheln lassen.
- Auf flache Schalen verteilen und vollständig abkühlen lassen. Vor dem Servieren mit Zimtpulver bestäuben.

BESYÜZ
MAKBUZU
Cilt No
Sıra
№ 337374
Seri
İzin Başlangıç Tarihi
İzin Bitiş Tarihi
ASI TAHSİL EDİLMİŞTİR
Yardım Eden
Adı Soyadı :
İmza:

DIE GÄRTEN VON NENE

DIE GÄRTEN VON NENE

Unser Haus umgab ein großer Garten mit vielen Obstbäumen. Auf den freien Flächen zwischen den Baumreihen pflanzte meine Nene verschiedene Gemüsesorten an. Während Dede die Erde umgrub, bereitete sie die Beete vor. Beim Aussäen halfen wir Kinder mit. Die kleinen jungen Pflanzen häufelte sie mit Erde an. Am Anfang sah unser Gemüsegarten wie ein riesengroßes Spargelfeld aus. Alles war so angehäufelt, dass das Wasser von einem Beet in das nächste ablaufen und die Gemüsepflanzen bewässern konnte. Manchmal legten wir Kinder uns in die Furchen zwischen den Beeten. Es war trocken, fühlte sich am Rücken warm an, die Früchte leuchteten in der Sonne und warfen Schatten auf unsere Gesichter.

Vor dem Haus, durch Wildkirschbüsche abgetrennt und zu beiden Seiten der Einfahrt, befand sich Nenes Blumengarten: mit duftenden blauen Iris, Päonien, Rosen, Dahlien, Stockrosen, Cosmea, Margeriten und vielen anderen Sommerblühern. Jeder, der zu uns einbog, wurde von dem Duft der bunten Blumen begrüßt. Nene sammelte Samen und nahm Ableger, die sie gleich einsetzte und pflegte. Jeden Tag saß sie mitten unter ihren Blumen, sprach zu ihnen und streichelte ihre Blüten.

Hinter dem Haus, bei den vordersten Apfelbaumreihen, reiften unzählige Gemüse heran: tiefrote Tomaten, gelbe, rote und grüne Paprika in allen Schattierungen, hellgelbe Spitzpaprika, zartgrüne Zucchini, dunkelgrüne Gurken, mintgrüne Bittergurken, waldgrüne Bohnen, gelbe Honigmelonen, violette Auberginen, Weißkohl und Kichererbsenpflanzen. Manchmal baute Nene auch Wassermelonen an. Die üppige Vielfalt unter den Bäumen sah wunderbar aus. Ich liebte auch das Beet mit den Stangenbohnen: ein toller Urwald und ein großartiger Versteckplatz.

Großen Wert legte meine Nene auf ihren Kräutergarten, darin war ein etwa 4 m^2 großes Petersilienrechteck. Die Petersilie schien es zu lieben, im Halbschatten zu sein, stets etwas feucht. Immer wenn wir zum Brunnen gingen und dabei die Petersilie streiften, erfüllte ihr Duft die Luft. Nene schnitt die Petersilie regelmäßig mit einer Schere ab, und sie trieb immer wieder neu aus. Daneben standen Rucola, Frühlingszwiebeln und Knoblauch. Nene kappte die zartesten grünen Triebe der Frühlingszwiebeln und Knoblauchpflanzen und verwendete sie wie Schnittlauch. Entlang des Baches vor dem Haus wucherten Minze und Wasserkresse. Nene zog auch regelmäßig Dill,

Bohnenkraut, Majoran und Basilikum. Thymian sammelten wir an den trockenen Berghängen in der Umgebung. Von Verwandten bekamen wir auch Bergsalbei und Lindenblüten.

Am späten Nachmittag gingen wir mit Nene in den Gemüsegarten und pflückten die Zutaten für unser Abendessen. Die Entscheidung war mitunter nicht einfach: Bohnen mit Tomaten, Zucchini mit Eiern oder doch *Dolma.* Manchmal erntete Nene die gleichen Zutaten wie am Vortag, aber irgendwie kochte sie damit etwas ganz anderes.

Sobald die Weinrebe bei der Terrasse neue Blätter bekam, durfte ich sie pflücken, weil Nene sie lecker mit Reis oder Bulgur füllen wollte. Wir naschten immer, bevor das Essen fertig war. Die Weinblätter schmeckten leicht säuerlich, der halbgare Bulgur knirschte zwischen den Zähnen und die Walnüsse waren so herrlich von *Tahın* ummantelt. Hm!

Gefüllte Weinblätter
Yaprak Sarması

ZUTATEN FÜR 4–6 PERSONEN

250 g	frische oder eingelegte Weinblätter
3 EL	extra natives Olivenöl
2	Zwiebeln, fein gewürfelt
2 EL	Tomatenmark (*Domates Salçası*)
300 g	feiner Bulgur
3 EL	gehackte Walnüsse
3 EL	Sesampaste (*Tahın*)
½ TL	edelsüßes Paprikapulver
	Salz, frisch gemahlener Pfeffer
je ½ Bund	glatte Petersilie und Minze, gehackt
	ein flacher Teller, der in den verwendeten Topf hineinpasst

ZUBEREITUNG

- Bei Verwendung von frischen Weinblättern diese waschen und die Stiele abschneiden.
- Eingelegte Weinblätter abtropfen lassen und gründlich mit kaltem Wasser waschen. Weinblätter in einen Topf geben, mit 1 l Wasser auffüllen, zum Kochen bringen und etwa 1 Min. kochen. Weinblätter in ein Sieb abgießen, mit kaltem Wasser abbrausen und abtropfen lassen.

FÜR DIE FÜLLUNG

- In einer tiefen Pfanne 2 EL Olivenöl erhitzen. Zwiebeln darin glasig dünsten. 1 EL Tomatenmark sowie Bulgur hinzugeben und etwa 3 Min. anschwitzen. Walnüsse und Tahın unterheben, mit 500 ml warmem Wasser aufgießen und das Ganze zum Kochen bringen. Mit Paprikapulver, Salz und Pfeffer würzen. Pfanne schließen und die Füllung bei mittlerer Hitze in etwa 10 Min. bissfest garen. Vom Herd nehmen und die Kräuter unterheben.
- 3 bis 4 Weinblätter in einen großen Topf geben und den Topfboden damit bedecken.
- Die übrigen Weinblätter mit der glänzenden Seite nach unten auf einer Arbeitsfläche ausbreiten. Auf jedes Weinblatt etwas Füllung geben. Die seitlichen Blattränder über der Füllung zusammenklappen und das Blatt von oben beginnend nach unten – Richtung Blattspitze – zusammenrollen. Die Weinblätter nicht zu eng rollen, da die Füllung noch etwas

aufquillt. Mit den übrigen Weinblättern ebenso verfahren, bis alle Weinblätter gerollt sind. Die gefüllten Weinblätter dicht in den Topf schichten.

- Restliches Olivenöl erhitzen. Restliches Tomatenmark darin etwa 1 Min. anschwitzen. Mit 1 l Wasser aufgießen, nur wenig salzen und pfeffern. Diese Brühe zum Kochen bringen, dann vorsichtig über die Weinblätter gießen. Damit sie beim Kochen nicht aufgehen, die Weinblätter nun mit einem umgedrehten flachen Teller beschweren. Den Topfdeckel aufsetzen und die Brühe einmal aufkochen lassen. Dann die Weinblätter bei geringer Hitze in etwa 30 Min. weich kochen. Am besten nach 20 Min. eine Garprobe machen. Manchmal sind die Weinblätter sehr zart und garen recht schnell.

Grüne Bohnen mit Tomaten
Taze Fasülye Kavurması

ZUTATEN FÜR 4 PERSONEN

500 g	grüne Bohnen
4 EL	extra natives Olivenöl
2	Zwiebeln, fein gewürfelt
2	Knoblauchzehen, fein gewürfelt
1	türkische milde Peperonischote, fein gewürfelt
4	Tomaten, geschält und gewürfelt
½ TL	edelsüßes Paprikapulver
	Salz, frisch gemahlener Pfeffer
½ Bund	glatte Petersilie, gehackt

ZUBEREITUNG

- Bohnen waschen und putzen, dabei eventuelle Fäden ziehen. In ca. 5 cm große Stücke schneiden.
- Olivenöl in einer tiefen Pfanne erhitzen. Zwiebeln darin glasig dünsten, Knoblauch, Peperoni sowie Bohnen zufügen und unter häufigem Rühren bei mittlerer Hitze ca. 10 Min. anbraten.
- Tomaten unterheben. Mit Paprikapulver, Salz und Pfeffer würzen. Deckel aufsetzen und das Ganze bei mittlerer Hitze etwa 15 Min. köcheln lassen, bis die Bohnen weich sind.
- Vor dem Servieren die Petersilie unterheben.

TIPP

Das Gemüse schmeckt sowohl warm als auch kalt sehr gut.

Gefüllte Paprikaschoten
Dolma

ZUTATEN FÜR 4–6 PERSONEN

12	türkische kleine grüne Paprikaschoten
	Salz
200 g	Reis
6–8	Schalotten, fein gewürfelt
50 g	Pinienkerne
2	Tomaten, geschält und gewürfelt
½ Bund	glatte Petersilie, gehackt
4 EL	extra natives Olivenöl
je ¼ TL	Pimentpulver und Nelkenpulver
½ TL	edelsüßes Paprikapulver
1 EL	Tomatenmark (*Domates Salçası*)
½ TL	Paprikamark (*Biber Salçası*)
	frisch gemahlener Pfeffer
	ein flacher Teller, der in den verwendeten Topf hineinpasst

ZUBEREITUNG

- Von den Paprikaschoten die Deckel abschneiden und beiseitelegen. Paprikaschoten entkernen, innen leicht salzen und mit einer Gabel von allen Seiten anstechen.
- Für die Füllung Reis, Schalotten, Pinienkerne, Tomaten, Petersilie, 3 EL Olivenöl, Piment-, Nelken- und Paprikapulver in eine große Schüssel geben. Gut durchmischen. Die Füllung salzen und pfeffern.
- Die Paprikaschoten füllen und mit den Deckeln verschließen. Die gefüllten Paprikaschoten aufrecht nebeneinander in einen Topf stellen.
- Restliches Olivenöl in einer Pfanne erhitzen, Tomaten- und Paprikamark einrühren. Mit 1 l warmem Wasser aufgießen, salzen, pfeffern und zum Kochen bringen. Diese Brühe vorsichtig über die Paprikaschoten gießen.
- Paprikaschoten mit einem umgedrehten Teller beschweren. Deckel aufsetzen und die Schoten bei mittlerer Hitze etwa 25 Min. garen.

Zucchini mit Eiern
Yumurtalı Kabak kavurması

ZUTATEN FÜR 4 PERSONEN

4 Eier
4 EL extra natives Olivenöl
2 Zwiebeln, fein gewürfelt
500 g Zucchini, halbiert und in Scheiben geschnitten
1 türkische milde Peperonischote, fein gewürfelt
2 Tomaten, geschält und gewürfelt
Salz, frisch gemahlener Pfeffer
½ Bund glatte Petersilie, gehackt

ZUBEREITUNG

- Eier in eine Schüssel schlagen und ganz leicht verquirlen.
- Olivenöl in einer tiefen Pfanne erhitzen. Zwiebeln darin glasig dünsten. Zucchini sowie Peperoni zugeben und unter häufigem Rühren bei mittlerer Hitze etwa 15 Min. anbraten.
- Tomaten unterheben. Den Deckel aufsetzen und das Gemüse bei mittlerer Hitze etwa 10 Min. schmoren, bis die Zucchini weich sind.
- Verquirlte Eier darüber geben, kurz stocken lassen und dann umrühren. Mit Salz und Pfeffer würzen. Das Gemüse zugedeckt bei mittlerer Hitze etwa 5 Min. ziehen lassen. Vor dem Servieren mit Petersilie bestreuen.

TIPP

Das Gemüse schmeckt sowohl warm als auch kalt sehr gut.

Bratlinge mit Spinat
Ispanaklı Köfte

ZUTATEN FÜR 8–10 STÜCK

300 g frischer Spinat
100 g Fetakäse, zerbröckelt
½ Bund Frühlingszwiebeln, fein geschnitten
½ Bund glatte Petersilie, gehackt
2 Eier, verquirlt
3 EL Mehl
½ TL Chiliflocken (*Pulbiber*) oder edelsüßes Paprikapulver
Salz, frisch gemahlener Pfeffer
neutrales Öl zum Anbraten

ZUBEREITUNG

- Spinat waschen, in Streifen schneiden und in eine große Schüssel geben. Mit 1 l kochendem Wasser übergießen. Einmal umrühren, dann das Wasser abgießen. Spinat gut ausdrücken und in eine Schüssel geben.
- Alle übrigen Zutaten zum Spinat geben. Das Ganze gründlich vermengen. Mit Chili- oder Paprikapulver, Salz und Pfeffer würzen.
- Öl in einer Pfanne erhitzen. Spinatmischung mithilfe eines Esslöffels ins heiße Öl setzen und die Bratlinge bei mittlerer Hitze auf beiden Seiten knusprig braten. Heiß oder kalt servieren.

MARKTTAG MIT GROSSMUTTER

MARKTTAG MIT GROSSMUTTER

Meine Nene war klein und zierlich. Sie trug immer traditionelle Kleidung: Schalwar, ein Oberteil mit langen Puffärmeln, und ein weißes Kopftuch über einem dunkelroten Fes. Sie erzählte uns, dass sie ihren Fes früher mit Schmuck verziert hatte. Im Alter schmückte sie ihn täglich neu mit feinen weinroten und nachtblauen Tüchern sowie dezenten Stecknadeln. Um ihre schmale Hüfte schlang sie einen langen, gewebten Gürtel. Auf ihre Strickweste verzichtete sie weder im Sommer noch im Winter. Sie nähte und strickte ihre Kleidungsstücke selbst und ging nie ohne ihren großen Schal aus dem Haus. Wenn sie in die Stadt musste, faltete sie den weizenfarbenen Schal zu einem Dreieck und legte ihn um ihre Schultern.

Einmal in der Woche gingen wir mit Nene auf den etwa 3 km entfernten Markt in der Stadt. Wenn wir am Vortag etwas geerntet hatten wie zum Beispiel Bohnen, fuhren wir mit dem Dolmuş. Wir gingen in erster Linie auf den Markt, um Nenes Freunde aus den anderen Dörfern zu treffen. Der Markt begann auf dem Moscheevorplatz und erstreckte sich bis zu den eigentlichen Markthallen. Die Sonne stieg über dem Minarett immer höher und erhellte den strahlend blauen Himmel. Es war warm und laut. Viele Frauen und Männer aus den umliegenden Dörfern waren gekommen, um ihre Erzeugnisse feilzubieten. Sie saßen dicht aneinander gedrängt und breiteten ihre Güter auf bunten Tüchern aus. Zu den Markthallen führte ein schmaler Pfad, der sich durch die bunten Bündel von Menschen und Gemüse schlängelte. Alle feilschten und riefen durcheinander. Der Weg bis zu Nenes Freunden war von betörenden Gerüchen gesäumt, je nachdem, an welchem Stand wir gerade vorbeikamen. Die stets herzlich begrüßten Freunde saßen mit Nene an ihren Ständen, unterhielten sich über alte Zeiten und berichteten Neuigkeiten aus ihrem Dorf. Die Begleiter - ob Ehemänner, Söhne oder Enkel - bestellten uns allen süßen türkischen Tee im Teehaus, der auf einem baumelnden Metalltablett geliefert wurde. Die rot-weißen Untertassen waren immer leicht feucht und zwischen Glas und Untertasse waren zwei Stück Zucker eingeklemmt. Wir rührten die Zuckerwürfel in unseren Tee. Er war heiß und dampfte. Oft bekamen wir auch einen Sesamring spendiert, der nur aus herrlich knuspriger Kruste zu bestehen schien. Wir aßen unsere *Simit,* tranken süßen Tee und beobachteten das bunte Treiben auf dem Markt.

Wenn wir wieder nach Hause kamen, hatte Dede schon die Tiere versorgt und die Kühe gemolken. Nene holte ihren Gaskocher und bereitete frische Auberginenstifte (*Patlıcan Cığırtması*) zu, die im heißen Öl zischten und »wimmerten«, bis sie mit kühlen Tomatenwürfeln abgelöscht wurden. Kurz vor dem Servieren rührte sie eine Schale gehackte Petersilie unter. Dazu aßen wir cremigen selbst gemachten Joghurt aus Schafsmilch, den Nenes Freundinnen immer für uns mitbrachten.

Wimmernde Auberginen
Patlıcan Çığırtması

ZUTATEN FÜR 4 PERSONEN

4 EL extra natives Olivenöl
3–4 schlanke türkische Auberginen, geschält und in fingerdicke Stifte geschnitten
2 Zwiebeln, fein gewürfelt
4 Tomaten, geschält und gewürfelt
½ TL edelsüßes Paprikapulver
Salz, frisch gemahlener Pfeffer
½ Bund glatte Petersilie, gehackt

ZUBEREITUNG

- Olivenöl in einer tiefen Pfanne erhitzen. Auberginen darin unter häufigem Wenden bei mittlerer Hitze etwa 10 Min. anbraten.
- Zwiebeln unterrühren und glasig dünsten. Tomaten unterheben. Mit Paprikapulver, Salz und Pfeffer würzen. Den Deckel aufsetzen und die Auberginen bei mittlerer Hitze in etwa 15 Min. weich garen.
- Kurz vor dem Servieren die Petersilie unterheben.

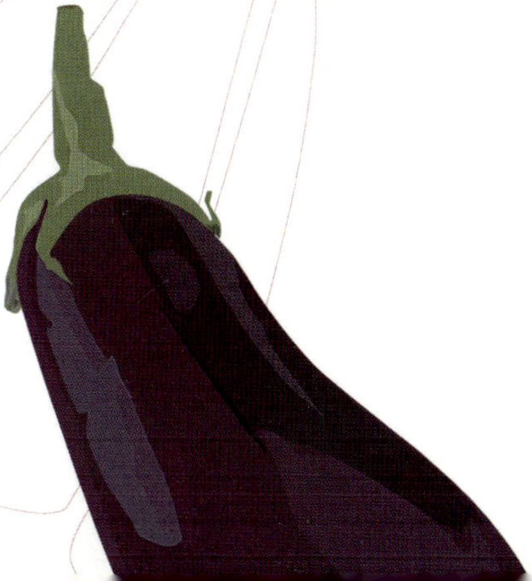

Sesamringe
Simit

ZUTATEN FÜR 12 STÜCK

FÜR DEN TEIG

350 g	Mehl Type 405
150 g	feines Weizenvollkornmehl
1 Würfel	frische Hefe oder 1 Päckchen Trockenhefe
etwa 300 ml	lauwarme Milch
1 TL	Zucker
1	Eiweiß
1 TL	Salz
1 gehäufter TL	gemahlene Steinweichselkerne (*Mahleb* – erhältlich im türkischen Feinkostladen)

ZUM BESTREICHEN

1	Eigelb
3 EL	Milch

AUSSERDEM

100 g	Sesamsamen zum Bestreuen

ZUBEREITUNG

- Die Mehle in eine große Schüssel mit Deckel sieben. In die Mitte eine Vertiefung eindrücken. Hefe hineinbröckeln, lauwarme Milch sowie Zucker dazugeben und mit der Hefe vermischen. Den Deckel aufsetzen und den Vorteig etwa 10 Min. ruhen lassen.
- Restliche Teigzutaten an den Rand der Mehlmulde geben und das Ganze von der Mitte aus verkneten. Teig gute 5 Min. durchschlagen, bis er Blasen wirft. Eventuell noch etwas warmes Wasser zugeben. Der Teig sollte glatt und weich sein. Deckel aufsetzen und den Teig etwa 1 Std. an einem warmen Ort gehen lassen, bis sich sein Volumen verdoppelt hat.
- Eine Arbeitsfläche bemehlen. Aus dem Teig 12 Kugeln formen. Mit dem Zeigefinger in die Mitte einer Teigkugel ein Loch stechen. Das Loch durch

kreisende Bewegungen vergrößern und vier Finger der rechten Hand durch die Öffnung drücken. Den Teigring zwischen beiden Handflächen rollend zu einem Ring mit 12 cm Durchmesser formen. Auf diese Weise aus den restlichen Teigkugeln ebenfalls Ringe formen. Auf bemehlten Geschirrtüchern nochmals etwa 15 Min. gehen lassen.

- Backofen auf 220 °C (Umluft 200 °C) vorheizen. Ein Blech mit Backpapier belegen. In einem tiefen Teller Eigelb und kalte Milch verquirlen. Sesamsamen in einen weiteren tiefen Teller geben. Die Teigringe zuerst in die Ei-Milch-Mischung tauchen, dann in Sesamsamen wälzen und auf das Blech setzen. Dabei auf ausreichenden Abstand achten.
- Die Sesamringe auf der mittleren Backofenschiene in etwa 15 Min. goldbraun backen.

Auberginenpüree mit Joghurt
Yoğurtlu Patlıcan Ezmesi

ZUTATEN FÜR 4 PERSONEN

2 kleine Auberginen
2 EL Zitronensaft
300 g Naturjoghurt
1 Knoblauchzehe, gewürfelt und zerdrückt
½ Bund glatte Petersilie, gehackt
Salz, frisch gemahlener Pfeffer
frische gehackte Kräuter zum Garnieren (Petersilie, Schnittlauch oder Minze)

ZUBEREITUNG

- Backofen ca. 5 Min. auf 250 °C (Umluft 230 °C) vorheizen. Dann die Temperatur auf 220 °C (Umluft 200 °C) reduzieren. Einen Gitterrost mit Alufolie auslegen.
- Auberginen waschen, auf die Alufolie legen und auf mittlerer Schiene etwa 20 Min. backen. Die Auberginen sind gar, wenn sie auf leichten Fingerdruck nachgeben.
- Die gebackenen Auberginen unter kaltem Wasser abschrecken. Sofort schälen und mit Zitronensaft beträufeln, damit sie sich nicht verfärben. Das Fruchtfleisch fein hacken oder mit einem Mixstab fein pürieren. Das Auberginenpüree in eine Schale geben.
- Die restlichen Zutaten hinzufügen und das Ganze gut vermengen. Mit Salz und Pfeffer abschmecken. Das Auberginenpüree mit gehackten Kräutern garnieren.

Gefüllte Auberginen
İmambayıldı ve Karnıyarık

ZUTATEN FÜR 4 PERSONEN

4	kleine oder schmale, längliche Auberginen
	Salz
	neutrales Öl zum Anbraten
	Fett für die Auflaufform
2	Tomaten, geschält und in Scheiben geschnitten

FÜLLUNG FÜR İMAMBAYILDI

6 EL	extra natives Olivenöl
3	mittelgroße Zwiebeln, halbiert und in feine Scheiben geschnitten
2	Knoblauchzehen, fein gewürfelt
4	Tomaten, geschält und gewürfelt
3	türkische milde Peperonischoten, fein gewürfelt
1	scharfe Peperoni (*Sivri Biber*), fein gewürfelt
1 Bund	glatte Petersilie, gehackt
½ TL	edelsüßes Paprikapulver
	frisch gemahlener Pfeffer

FÜLLUNG FÜR KARNIYARIK

2 EL	extra natives Olivenöl
2	Zwiebeln, fein gewürfelt
250 g	Lamm- oder Rinderhackfleisch
2	türkische milde Peperonischoten, fein gewürfelt
2	Tomaten, geschält und gewürfelt
1 Bund	glatte Petersilie, gehackt
½ TL	rosenscharfes Paprikapulver

FÜR DIE TOMATENBRÜHE

1 EL	extra natives Olivenöl
1 EL	Tomatenmark (*Domates Salçası*)
1 Prise	Zucker

ZUBEREITUNG

- Die Auberginen jeweils vom Stielansatz befreien. Komplett oder streifenweise schälen. In eine Schüssel mit Salzwasser legen (1 TL Salz auf 1 l Wasser) und 20 Min. ruhen lassen. Anschließend unter fließendem Wasser abbrausen und trocken tupfen.
- In einer Pfanne 2–4 EL neutrales Öl erhitzen. Auberginen darin rundherum bei mittlerer Hitze unter häufigem Wenden anbraten, bis sie leicht weich sind. Das dauert etwa 10 Min.
- Füllung für İmambayıldı: In einer Pfanne 2 EL Olivenöl erhitzen. Zwiebeln darin glasig dünsten. Knoblauch, Tomatenwürfel sowie Peperoni unterrühren und bei geringer Hitze etwa 5 Min. andünsten. Petersilie unterheben. Mit Paprikapulver, Salz und Pfeffer abschmecken. Vom Herd nehmen.
- Füllung für Karnıyarık: 2 EL Olivenöl in einer Pfanne erhitzen. Zwiebeln darin glasig dünsten. Hackfleisch sowie Peperonischoten hinzufügen und unter Rühren etwa 5 Min. anbraten. Tomatenwürfel unterrühren. Petersilie unterheben und mit Paprikapulver, Salz und Pfeffer würzen. Füllung bei geringer Hitze etwa 5 Min. köcheln lassen.
- Backofen auf 220 °C (Umluft 200 °C) vorheizen. Die Auberginen in eine gefettete Auflaufform setzen. Jeweils oben mit einem Messer längs einschneiden. Den Schnitt mithilfe von zwei Esslöffeln etwas vergrößern. In diese Öffnung die gewünschte Füllung geben, Füllung jeweils mit Tomatenscheiben bedecken.
- Für die Tomatenbrühe: In einer Pfanne 1 EL Olivenöl erhitzen. Tomatenmark einrühren, mit 750 ml warmem Wasser aufgießen und dieses zum Kochen bringen. Mit Salz, Pfeffer und Zucker würzen. Die Brühe vorsichtig in die Auflaufform gießen.
- Auberginen auf der mittleren Backofenschiene etwa 30 Min. garen.

TIPP

Wenn Sie keine kleinen Auberginen bekommen können, nehmen Sie zwei große und halbieren diese einmal längs.

Türkische Auberginen-Moussaka
Patlıcan Musaka

ZUTATEN FÜR 4–6 PERSONEN

1 kg	Auberginen
	neutrales Öl zum Anbraten und für die Auflaufform
3 EL	extra natives Olivenöl
3	Zwiebeln, fein gewürfelt
500 g	Lamm- oder Rinderhackfleisch
3	türkische milde Peperonischoten, fein gewürfelt
4	Tomaten, geschält und gewürfelt
1 Bund	glatte Petersilie, gehackt
1 EL	Tomatenmark (*Domates Salçası*)
½ TL	rosenscharfes Paprikapulver
	Salz, frisch gemahlener Pfeffer
2	Tomaten, geschält und in Scheiben geschnitten

ZUBEREITUNG

- Auberginen vom Stielansatz befreien, komplett oder streifenweise schälen und in Scheiben schneiden. Auberginenscheiben in eine Schüssel mit Salzwasser geben (1 TL Salz auf 1 l Wasser) und 20 Min. ruhen lassen. Anschließend unter fließendem Wasser abbrausen und trocken tupfen.
- In einer Pfanne 2 EL neutrales Öl erhitzen und Auberginenscheiben darin bei mittlerer Hitze portionsweise beidseitig anbraten. Zwischendrin eventuell 1 EL Öl hinzufügen, aber insgesamt nicht zu viel Öl nehmen, sondern die Auberginenscheiben beim Braten häufig wenden. Sie sollten nur etwas weicher werden.
- Backofen auf 220 °C (Umluft 200 °C) vorheizen. Für die Füllung 2 EL Olivenöl in einer Pfanne erhitzen und die Zwiebeln darin glasig dünsten. Hackfleisch sowie Peperonischoten hinzufügen und unter häufigem Wenden etwa 5 Min. braten. Tomatenwürfel unterrühren. Petersilie unterheben. Mit Paprikapulver, Salz und Pfeffer würzen. Füllung bei geringer Hitze 5 Min. köcheln lassen.
- Eine Auflaufform einfetten und die Zutaten wie folgt hineinschichten: Auberginenscheiben, Hackfleischfüllung, Auberginenscheiben, Hackfleischfüllung, Auberginenscheiben, Tomatenscheiben.
- Restliches Olivenöl in einer Pfanne erhitzen. Tomatenmark einrühren, mit 1 l Wasser aufgießen, zum Kochen bringen, salzen und pfeffern. Diese Brühe vorsichtig in die Auflaufform gießen.
- Die Moussaka auf mittlerer Backofenschiene etwa 30 Min. garen.

Auberginen-Päckchen
İslim Kebabı

ZUTATEN FÜR 4–6 PERSONEN

4	Auberginen, in längliche Scheiben geschnitten
	Salz
	neutrales Öl zum Anbraten und für die Form
3 EL	extra natives Olivenöl
3	Zwiebeln, fein gewürfelt
3	türkische milde Peperonischoten, fein gewürfelt
1 kg	Lammfleisch aus der Keule, fein gewürfelt
3	Tomaten, geschält und gewürfelt
je ½ TL	Paprikapulver, Pimentpulver, getrockneter Thymian
	frisch gemahlener Pfeffer
je 6	Kaffeetassen und Zahnstocher
2	Tomaten, geschält und in Scheiben geschnitten
je 1 TL	Tomatenmark (*Domates Salçası*) und Paprikamark (*Biber Salçası*)

ZUBEREITUNG

- Auberginenscheiben salzen und in einer Schüssel etwa 20 Min. ruhen lassen. Unter kaltem Wasser abspülen, ausdrücken und trocken tupfen.
- In einer Pfanne 2 EL neutrales Öl erhitzen und die Auberginenscheiben darin bei mittlerer Hitze portionsweise beidseitig anbraten. Zwischendrin eventuell 1 EL Öl hinzufügen, aber insgesamt nicht zu viel Öl nehmen, sondern die Auberginenscheiben beim Braten häufig wenden. Sie sollten nur etwas weicher werden.

- Für die Füllung in einem Topf 2 EL Olivenöl erhitzen. Zwiebeln und Peperoni darin glasig dünsten. Fleisch hinzufügen und etwa 10 Min. anbraten. Tomatenwürfel unterheben, mit Paprika- sowie Pimentpulver und Thymian würzen. Füllung salzen, pfeffern und bei mittlerer Hitze etwa 15 Min. schmoren.
- 6 Kaffeetassen mit den Auberginenscheiben so auslegen, dass die Enden der Auberginenscheiben über die Tassenränder hängen. Die Auberginenscheiben müssen im Tassenboden übereinander liegen. Die Füllung auf die Kaffeetassen verteilen und andrücken. Die Enden der Auberginenscheiben darüberlegen und jeweils mit einem Zahnstocher feststecken.
- Den Backofen auf 230 °C (Umluft 210 °C) vorheizen. Eine Auflaufform einfetten. Den Inhalt der Kaffeetassen jeweils vorsichtig in die Form stürzen. Jedes Auberginen-Päckchen mit einer Tomatenscheibe belegen.
- Restliches Olivenöl in einem Topf erhitzen, Tomaten- und Paprikamark einrühren, mit 500 ml Wasser aufgießen, salzen, pfeffern und zum Kochen bringen. Diese Flüssigkeit vorsichtig in die Auflaufform gießen.
- Auberginen-Päckchen auf mittlerer Backofenschiene etwa 30 Min. garen.

BESUCH AUS DEUTSCHLAND

BESUCH AUS DEUTSCHLAND

Im Juli kamen meine Eltern immer für ein paar Wochen nach Ereğli, um uns zu besuchen und Urlaub zu machen. Schon Wochen vorher fing Nene mit den Vorbereitungen an. Sie tünchte die Wände weiß, strich die Bordüre am Haus wieder Weinrot an, putzte die Fenster, klopfte die Teppiche und schüttelte die Bettdecken auf. Den Rosen rang sie das Versprechen ab, noch etwas länger zu blühen.

Jeden Tag saßen wir unter der großen Hängeweide an der Zufahrt zum Haus, warteten und beteten für die heile Ankunft meiner Eltern, die durch viele unbekannte fremde Länder fuhren, um zu uns zu kommen. Der butterblumengelbe Opel meines Vaters bog jedes Mal unverhofft um die Ecke. Wir hörten die Hupe, noch bevor er an der Terrasse stehen blieb. Unser Herz vergaß einen Moment lang zu schlagen und mit Freudentränen liefen wir auf meine Eltern zu. Nene brauchte lange, bis sie ihren Sohn ausreichend umarmt, gerochen, geküsst hatte und wirklich sicher war, dass er leibhaftig vor ihr stand. Dann erst konnten wir anderen Vater (Baba) und Anne umarmen. Wir saßen ganz nah bei ihnen, damit sie uns immer wieder umarmen, riechen, sehen und küssen konnten. Unsere Eltern rochen so exotisch anders. Ob jeder in Deutschland so roch? Wir redeten durcheinander und lachten, endlich waren sie da. Wir zeigten ihnen den Garten, die Tiere und alles, was sich verändert hatte. Hier und da pflückten wir Kirschen, Aprikosen, Pfirsiche und Nektarinen für sie. Bevor sie hineinbissen, schlossen sie die Augen und rochen an den Früchten. Wir mussten aufpassen, dass sie nicht zuviel durcheinander aßen, sonst bekämen sie Bauchweh. Nene kochte auf der Terrasse. Der Topf vor ihr dampfte, durch den Dunst konnte man ihre vor Glück glänzenden Augen erkennen. Während Anne und Baba sich ausruhten, kochte Nene die Lieblingssuppe der beiden: Almsuppe mit Hühnerbrühe. Nene zerteilte das Hähnchenfleisch und briet es in Butter goldbraun. Dazu machte sie duftenden Reis. Wenn Nene den Reis mit Brühe aufgoss, zischte, dampfte und blubberte es im Topf.

Spät am Abend gab es immer das große Wiedersehen mit den Geschwistern. Irgendwer hatte das fremde Auto durch die Stadt fahren sehen und schon wussten alle Bescheid. Zuerst kamen meine drei Tanten (Teyzes). Dicht aneinander gedrängt saßen sie mit ihren Kindern auf der Ladefläche ihrer Pferdekutschen. Nur das Geklapper der Pferdehufe auf dem Asphalt und ihre aufgeregten Stimmen waren zu hören. Die restlichen Geschwister in den weiter entfernteren Dörfern sammelte mein ältester Onkel (Dayı) mit seinem LKW ein. An ihrer Kleidung konnte man erraten, bei welcher Arbeit sie unterbrochen worden waren. Meine Cousins zogen die Pferde mitsamt den Kutschen tief in den Garten, um Platz für den LKW zu machen. Es folgten weitere Umarmungen, Küsse und Freudentränen. Meine Teyzes hatten die Leibspeisen meiner Eltern mitgebracht: Köstliches İçli köfte mit einer knusprigen, dünnen Schicht Bulgur und einer saftig-würzigen Füllung. Meine älteste Teyze hatte warme Gözleme mit Zucchinifüllung gemacht, die sie vor Baba präsentierte. Alle redeten fröhlich durcheinander und vergaßen dabei das Essen. Irgendwann stand Baba auf, hob die Arme, schloss die Augen, rief »hay dah« und drehte sich singend mit weit ausgebreiteten Armen. Alle stimmten mit ein und tanzten. Nene und Anne tanzten zusammen den traditionellen Konya-Tanz mit Holzlöffeln. Bis tief in die Nacht sangen sie die alten Volkslieder. Unter dem glitzernden Sternenhimmel einer lauen Sommernacht übertönte unser Freudengesang das Zirpen der Grillen.

Einfache Brühe und knuspriges Hähnchen
Tavuk suyu ve Kavurması

ZUTATEN FÜR 4 PERSONEN

FÜR DIE BRÜHE

1	küchenfertiges Hähnchen (etwa 1,2 kg)
3	Zwiebeln, geviertelt
½ Bund	glatte Petersilie
1 TL	schwarze Pfefferkörner
1 TL	Salz

FÜR DAS HÄHNCHEN

5 EL	Butter
	Salz

ZUBEREITUNG

- Für die Brühe das Hähnchen waschen und in einen großen tiefen Topf setzen. Zwiebeln, Petersilie, Pfeffer und Salz hinzugeben. Mit 2 l Wasser aufgießen und zum Kochen bringen. Bei mittlerer Hitze 1 Std. kochen.
- Hähnchen herausnehmen. Haut und Knochen entfernen. Das Hähnchenfleisch mit Küchenpapier trocken tupfen, grob zerteilen und zur Seite stellen. Das Gemüse abseihen und die Brühe auffangen. Die Brühe zur Zubereitung von Almsuppe und Reis benutzen.
- Kurz vor dem Servieren in einer großen Pfanne die Butter zerlassen. Das Hähnchenfleisch salzen und unter häufigem Wenden bei mittlerer Hitze in etwa 20 Min. knusprig braten. Zusammen mit Reis und Salat servieren.

Duftender Reis
Şehriyeli Pilav

ZUTATEN FÜR 4 PERSONEN

250 g Langkornreis
2 EL Butter
2 EL *Şehriye* (Nudeln in Reiskornform, erhältlich im türkischen Feinkostladen) oder Fadennudeln
Salz

ZUBEREITUNG

- Den Reis waschen und abtropfen lassen.
- Butter in einem Topf erhitzen. Şehriye hinzugeben und unter ständigem Rühren braun rösten. Reis zugeben und anschwitzen. Mit 500 ml Wasser aufgießen, salzen und das Ganze zum Kochen bringen. Deckel aufsetzen und Reis bei geringer Hitze etwa 15 Min. köcheln lassen.
- Herd ausschalten, sobald die Flüssigkeit verdampft ist. Zwischen Topf und Deckel ein sauberes trockenes Geschirrtuch legen, Deckel wieder fest aufsetzen und Reis 10 Min. auf der noch warmen Herdplatte ruhen lassen.

Almsuppe
Yayla Çorbası

ZUTATEN FÜR 4 PERSONEN

FÜR DIE SUPPE

4 EL	Langkornreis
1 l	einfache Hühnerbrühe (siehe Rezept S. 60) oder Wasser
300 g	Naturjoghurt (3,5 % Fettgehalt)
1	Ei
1 EL	Mehl
	Salz

FÜR DIE AROMATISIERTE BUTTER

2 EL	Butter
je 1 TL	getrocknete Minze und getrockneter Thymian
½ TL	edelsüßes Paprikapulver

ZUBEREITUNG

- Reis waschen und zusammen mit Hühnerbrühe oder Wasser in einen Suppentopf geben. Das Ganze zum Kochen bringen und bei mittlerer Hitze ca. 10 Min. kochen.
- In der Zwischenzeit Joghurt, Ei und Mehl in eine Schüssel geben und mit einem Schneebesen klümpchenfrei verrühren.
- Reis erneut zum Kochen bringen. Die Joghurtmischung langsam in die Suppe gießen und unter ständigem Rühren im Uhrzeigersinn aufkochen lassen. Erst aufhören zu rühren, wenn die Suppe kocht, das verhindert das schnelle Gerinnen des Joghurts. Eventuell noch etwas warmes Wasser hinzufügen. Die Suppe salzen und bei mittlerer Hitze nochmals 10–15 Min. garen.
- Die Butter in einer kleinen Pfanne schmelzen lassen. Minze und Thymian in einem Mörser zerreiben, gemeinsam mit Paprikapulver zur Butter geben. Diese kurz aufschäumen lassen, dann sofort vom Herd nehmen. Die Suppe in Teller füllen und jeweils mit etwas aromatisierter Butter garnieren.

TIPP

Falls Sie keinen Mörser haben, können Sie die Gewürze auch mit den bloßen Händen zerreiben. Halten Sie die Hände beim Reiben über einen Teller, in dem Sie die geriebenen Gewürze auffangen. Legen Sie die Gewürze in die Handfläche der linken Hand. Pressen Sie den Handballen der rechten Hand in die Handfläche der linken Hand und kreisen Sie mit der rechten Hand unter stetem Druck über die Gewürze.

Gefüllte Fleisch-Bulgurbällchen
İçli Köfte

ZUTATEN FÜR 4 PERSONEN

FÜR DIE KÖFTE

150 g	mageres Lammhackfleisch
150 g	sehr feiner Bulgur oder gemahlener Bulgur (*Köftelik Bulgur*)
1	Ei
je ½ TL	gemahlener Kreuzkümmel und gemahlener Koriander
½ TL	rosenscharfes Paprikapulver
	Salz, frisch gemahlener Pfeffer

FÜR DIE FÜLLUNG

2 EL extra natives Olivenöl
1–2 Zwiebeln, fein gewürfelt
150 g Lammhackfleisch
je ¼ TL gemahlener Kreuzkümmel, Paprikapulver, Nelkenpulver, Pimentpulver
½ TL getrockneter Thymian
2–3 EL glatte Petersilie, gehackt
Salz, frisch gemahlener Pfeffer

FÜR DIE AROMATISIERTE BUTTER

3 EL Butter
1 TL edelsüßes Paprikapulver
1 TL getrockneter Thymian

ZUBEREITUNG

- Alle Zutaten für die Köfte in einer Schüssel vermischen, mit Salz sowie Pfeffer würzen, gut durchkneten und etwa 10 Min. ruhen lassen.
- Für die Füllung Öl in einer Pfanne erhitzen. Die Zwiebeln darin glasig dünsten. Hackfleisch zufügen und etwa 5 Min. anbraten. Gewürze und Kräuter unterrühren. Die Füllung vom Herd nehmen und abkühlen lassen.
- Aus der Köfte-Masse 12 Bällchen formen. Ein Bällchen in die linke Hand nehmen, mit dem rechten Zeigefinger eine Mulde eindrücken und diese zu einer möglichst dünnwandigen Vertiefung ausweiten. Ein wenig Füllung hineingeben und das Bällchen wieder gut verschließen. Restliche Bällchen ebenso füllen.
- In einem großen Topf Salzwasser zum Kochen bringen. Die gefüllten Bällchen vorsichtig hineingleiten lassen. Darauf achten, dass sie sich nicht am Topfboden festsetzen. Aufkochen lassen und die Bulgurbällchen bei mittlerer Hitze etwa 20–30 Min. garen, bis sie weich sind.
- Butter in einem kleinen Topf zerlassen. Mit Paprikapulver sowie Thymian würzen und vom Herd nehmen.
- Die Köfte mit einer Schaumkelle herausnehmen. Mit aromatisierter Butter übergießen und sofort servieren.

VARIANTE

Vegetarisch gefüllte Bulgurbällchen (*Etsiz İçli Köfte*): 300 g feinen Bulgur mit 200 ml warmem Wasser übergießen und 10 Min. quellen lassen. Mit den restlichen Zutaten für die Köfte wie oben mischen, würzen und ruhen lassen. Für die Füllung 100 g rote Linsen bissfest garen. Mit 2 EL gehackten Walnüssen und den restlichen Zutaten für die Füllung wie oben mischen. Im Übrigen wie oben beschrieben zubereiten und servieren.

Teigtaschen mit Zucchini
Taze Kabaklı Gözleme

ZUTATEN FÜR 12 STÜCK
FÜR DEN TEIG
SIEHE REZEPT FÜR DÜNNE FLADEN S. 144

FÜR DIE FÜLLUNG

2 Zucchini, grob gerieben
2 Tomaten, entkernt und fein gewürfelt
2–3 Frühlingszwiebeln, fein gewürfelt
2 EL extra natives Olivenöl
½ TL edelsüßes Paprikapulver
1 Prise Chiliflocken (*Pulbiber*) oder Cayennepfeffer
Salz, frisch gemahlener Pfeffer

ZUM BESTREICHEN

2 EL Butter

ZUBEREITUNG

- Den Teig zubereiten. Zucchini, Tomaten sowie Frühlingszwiebeln in eine Schüssel geben. Mit Olivenöl, Paprikapulver, Chiliflocken oder Cayennepfeffer, Salz und Pfeffer vermengen.
- Arbeitsplatte mit Mehl bestäuben. Aus dem Teig etwa 12 gleich große Kugeln formen und diese zu Kreisen von 15 cm Durchmesser ausrollen. Auf Geschirrtücher legen.
- Eine schwere Pfanne (mind. 28 cm Durchmesser) ohne Öl erhitzen. Ist die Pfanne heiß, auf mittlere Hitze reduzieren.
- 2 EL Füllung auf einer Hälfte eines Teigfladens verteilen. Den Fladen so über der Füllung zusammenklappen, dass die Ränder exakt übereinander liegen und ein Halbkreis entsteht. Die Teigränder mit den Fingern gut andrücken. Jeweils nur zwei Teigtaschen vorbereiten, da die Füllung die Teigtaschen aufweicht, wenn diese zu lange aufs Backen warten müssen.
- Die Teigtaschen Rücken an Rücken in die heiße Pfanne legen und unter häufigem Wenden pro Seite 4–5 Min. backen.
- Fertig gebackene Teigtaschen auf einem Geschirrtuch etwas ausdampfen lassen. Dann mit Butter bestreichen und auf einer Servierplatte anrichten.

Gefüllte getrocknete Aprikosen
Kayısı Dolması

ZUTATEN FÜR 4–6 PERSONEN

500 ml Wasser
150 g Zucker
200 g getrocknete entkernte Aprikosen
100 g dicker Rahm (*Kaymak* – erhältlich im türkischen Feinkostladen) oder Mascarpone
1 EL Honig
2 EL gehackte Mandeln, Nüsse oder Pistazien zum Garnieren

ZUBEREITUNG

- Wasser mitsamt Zucker zum Kochen bringen. Aprikosen dazugeben und ca. 5 Min. köcheln lassen. Aprikosen herausnehmen und abkühlen lassen. Sirup beiseitestellen und erkalten lassen.
- Rahm mit dem Honig süßen. Die Creme in eine Spritztülle geben.
- Aprikosen jeweils auf einer Längsseite vorsichtig öffnen und mit etwas Creme füllen.
- Aprikosen auf einen Servierteller legen. Mit dem Sirup übergießen und mit gehackten Mandeln, Nüssen oder Pistazien garnieren.

PICKNICK

PICKNICK

Wenn unsere Eltern da waren, unternahmen wir viele Ausflüge, die mit einem Picknick endeten. Nur wenige Kilometer von unserem Hof entfernt war die Fischzucht von Ivriz, die mit Bergquellwasser betrieben wurde. Das war unser Lieblingspicknickplatz. Der Gebirgsbach hatte viele Seitenarme und floss um kleine bewaldete Inselchen, die wunderbare Picknickplätze bildeten. Ringsherum wachten hohe Berge über das Geschehen im Tal. Keine Wolke wagte sich in die Nähe der schneebedeckten Berggipfel, so dass das Tal ganz in Sonnenlicht gebadet war.

Während Nene und Anne die Taschen auspackten, rollten wir mit Baba die Wassermelonen in den Gebirgsbach, um sie zu kühlen. Im klaren Wasser sahen sie wie große Murmeln aus. Das Wasser war sehr kalt. Wir hielten unsere nackten Füße nur einige Sekunden lang hinein, und sofort fingen die Zehen vor Kälte an zu brennen. Wir liefen hüpfend bis zu einem flachen, von der Sonne erwärmten Stein, stellten uns darauf und krümmten die Zehen. Der Stein war wohltuend warm.

Danach gingen wir mit Baba und Dede zu den Fischteichen, in denen Fische in allen Größen schwammen. Während wir ins Wasser schauten, kaufte Baba verschiedene Fische und ließ sie ausnehmen. Das Grillen war Männersache. Frauen und Mädchen übernahmen Hilfsarbeiten. Gemeinsam entfachten Baba und Dede das Feuer, bereiteten das Grillgut und die frischen Salate zu. Baba beschrieb, wie man die Fische vorbehandeln musste und welche Gewürze benutzt werden durften. Er mixte tolle Kräutersalate, insbesondere den Zwiebelsalat mit Sumach. Er schnitt die Zwiebeln in feine Ringe. Nach genauer Anweisung von Baba streute Anne Salz über die Ringe, während er sie rieb. Dabei sagte er: »Die Zwiebeln nur sanft zwischen den Händen reiben, sie sollen nur schwitzen und dürfen nicht zu Brei werden.« Wir deckten die Picknick-Decke. Nenes selbst gemachte Limonade schmeckte herrlich erfrischend. Baba widmete sich dem Grillen und reichte uns die fertigen kleinen Fische. Sie waren außen knusprig und innen zart.

Nach dem Essen ruhten sich unsere Großeltern und Eltern im Schatten der Bäume aus und genossen ihren starken Tee aus dem Samowar.

Zwiebelsalat mit Sumach
Soğan Salatası

ZUTATEN FÜR 4 PERSONEN

4	Zwiebeln, geschält, halbiert und in feine Ringe geschnitten
1 TL	Salz
½ Bund	glatte Petersilie, gehackt
1 gehäufter TL	gemahlener Sumach (aus dem türkischen Feinkostladen)
3 EL	extra natives Olivenöl
1 EL	Zitronensaft
	frisch gemahlener Pfeffer

ZUBEREITUNG

- Zwiebeln in eine Schale geben und mit Salz bestreuen. Die Zwiebelringe zwischen den Handflächen ganz leicht reiben. Mit kaltem Wasser abbrausen und abtropfen lassen.
- Zwiebeln in eine Schüssel geben und mit den restlichen Zutaten gut vermengen.

Fisch vom Grill
Izgara Balık

ZUTATEN FÜR 4 PERSONEN

4 Forellen, Makrelen oder Seebrassen; ausgenommen und gesäubert
Saft von 1 Zitrone
Salz
4 Fischbräter bzw. Fischgriller
Öl zum Bestreichen der Fischbräter

FÜR DIE GRILL-GEWÜRZ-MISCHUNG (ERGIBT 1 GLAS, HÄLT SICH GUT VERSCHLOSSEN 1 JAHR)

2 TL Korianderkörner, zerstoßen
1 TL Kreuzkümmel, zerstoßen
3 TL Sumach, zerstoßen
1 TL Safranfäden nach Belieben
2 TL edelsüßes Paprikapulver
1 TL Chiliflocken (*Pulbiber*) oder Cayennepfeffer
je 1 TL Basilikum, Oregano, Thymian, Petersilie, alle getrocknet
2 TL rote und schwarze Pfefferkörner, grob zerstoßen

ZUBEREITUNG

- Grill anheizen. Fischbräter mit Öl bestreichen.
- Gewürze in einer Schale vermischen.
- Fische innen mit Zitronensaft beträufeln und rundherum salzen. Haut der Fische eventuell leicht einritzen. Fische rundherum mit Gewürzmischung einreiben, die Menge richtet sich nach dem persönlichen Geschmack.
- Fische in Bräter setzen und beidseitig langsam grillen. Heiß servieren.

TIPP

Sie können die Fische auch in eingeölte Alufolie wickeln, wenn Sie keine Fischbräter zur Hand haben.

Frittierte Fische

Hamsi

ZUTATEN FÜR 4–6 PERSONEN

1 kg Sardinen, Sardellen oder andere kleine Fische; ausgenommen und gesäubert
Salz, frisch gemahlener Pfeffer
200 g feiner Maisgrieß (*Mısır irmiği veya unu*)
500 ml neutrales Speiseöl zum Frittieren
Zitronenviertel zum Servieren

ZUBEREITUNG

- Fische salzen und pfeffern. Anschließend leicht in Maisgrieß panieren.
- Öl in einer tiefen Pfanne erhitzen.
- Fische portionsweise im heißen Öl frittieren. Nicht zu viele auf einmal in die Pfanne geben, die Fische brauchen etwas Platz »zum Schwimmen«. Auf Küchenpapier abtropfen lassen. Mit Zitronenvierteln garnieren und heiß servieren.

TIPP

Zu diesem Gericht passt ein mit frischer Petersilie, Minze, Frühlingszwiebeln, Zitronensaft und Olivenöl gewürzter feiner Romanasalat sowie frisches Weißbrot.

Lammspieße
Şiş Kebab

ZUTATEN FÜR 4–6 PERSONEN

1 kg Lammfleisch aus der Keule, grob gewürfelt

FÜR DIE MARINADE

2 Zwiebeln, fein gerieben
2 Knoblauchzehen, gewürfelt und im Mörser zerrieben
1 TL frisch geriebener Ingwer
je 1 TL Thymian, Oregano, Rosmarin und Basilikum, frisch gehackt
je 1 TL zerstoßener Sumach und edelsüßes Paprikapulver
5 EL extra natives Olivenöl
Saft von 1 Zitrone

FÜR DAS GEMÜSE

2 Tomaten, geachtelt
2 große Zwiebeln, geachtelt
4 türkische Peperonischoten, geviertelt
Salz, frisch gemahlener Pfeffer

AUSSERDEM

12 lange Metall- oder Holzspieße (Holzspieße vor Gebrauch mind. 20 Min. in Wasser einlegen)

ZUBEREITUNG

- Fleisch in eine große Schüssel geben. Für die Marinade die fein geriebenen Zwiebeln durch ein Musselintuch pressen und den Saft in einer Schüssel auffangen. Das Zwiebelpüree nicht weiter verwenden. Restliche Zutaten für die Marinade in die Schüssel geben und gut vermischen.
- Fleisch mit der Marinade übergießen und das Ganze gut vermengen. Zugedeckt im Kühlschrank mind. 1 Std. marinieren lassen.
- Fleisch abwechselnd mit Tomaten-, Zwiebeln- und Peperonistückchen auf Spieße stecken. Erst kurz vor dem Grillen salzen und pfeffern. Die Spieße beidseitig auf einem Holzkohlegrill grillen oder im vorgeheiztem Backofen auf mittlerer Schiene bei 230 °C (Umluft 210 °C) etwa 20 Min. garen.

Gemüsespieße

Sebze Şiş

ZUTATEN FÜR 4–6 PERSONEN

1 Aubergine
Salz
2 mittelgroße Zucchini, längs halbiert und in Stücke geschnitten
je 1 rote und gelbe Paprikaschote, in Stücke geschnitten
12 kleine Champignons, geputzt
12 kleine Schalotten, geschält oder 3 Zwiebeln, geschält und geviertelt
4 milde türkische Peperoni, in Stücke geschnitten

FÜR DIE MARINADE

1–2 Knoblauchzehen, fein gewürfelt
2 mittelgroße Zwiebeln, fein gerieben
2 EL Zitronensaft
2 EL Tomatenmark
4 EL Olivenöl
2 EL gehackte, glatte Petersilie
je 1 EL Thymian und Minze, frisch gehackt
1 TL Chiliflocken (*Pulbiber*) oder edelsüßes Paprikapulver
frisch gemahlener Pfeffer

AUSSERDEM

12 lange Metall- oder Holzspieße (Holzspieße vor Gebrauch mind. 20 Min. in Wasser einlegen)

ZUBEREITUNG

- Die Aubergine in Streifen schälen und in mundgerechte Stücke schneiden. In Salzwasser (1 TL Salz auf 1 l Wasser) einlegen und ca. 20 Min. ruhen lassen. Danach in ein Sieb schütten, kalt abbrausen und gut abtropfen lassen.
- Für die Marinade die fein geriebenen Zwiebeln durch ein Musselintuch pressen und den Saft in einer großen Schüssel auffangen. Das Zwiebelpüree nicht weiter verwenden. Die restlichen Zutaten für die Marinade in die Schüssel geben und gut vermischen, es sollte eine glatte Paste entstehen.
- Nach und nach alle Gemüsestücke in die Marinade geben und mit den Händen gut durchmischen, bis alles rundherum von Marinade überzogen ist. Zugedeckt im Kühlschrank etwa 30 Min. ziehen lassen.
- Gemüsestücke salzen und pfeffern. Abwechselnd auf Spieße stecken und von allen Seiten auf einem Holzkohlegrill grillen oder im vorgeheizten Backofen auf mittlerer Schiene bei 230 °C (Umluft 210 °C) etwa 15–20 Min. garen.

Bulgursalat mit roten Linsen

Mercimekli Kısır

ZUTATEN FÜR 4–6 PERSONEN

150 g	rote Linsen
200 g	feiner Bulgur
	Salz, frisch gemahlener Pfeffer
2 EL	extra natives Olivenöl
1	Zwiebel, fein gewürfelt
1 EL	Tomatenmark (*Domates Salçası*)
1 TL	Paprikamark (*Biber Salçası*)
je ½ TL	Paprikapulver und gemahlener Kreuzkümmel
1 EL	Granatapfelsirup (*Nar Ekşisi*)
2 EL	Zitronensaft
½ Bund	glatte Petersilie, gehackt
	Gurkenscheiben oder Salatblätter zum Garnieren

ZUBEREITUNG

- Linsen waschen, gemeinsam mit 500 ml Wasser in einen Topf geben und zum Kochen bringen. Köcheln lassen.
- Sobald die Linsen weich sind, den Bulgur dazugeben, salzen und pfeffern. Herd ausschalten und Bulgur quellen lassen.
- Olivenöl in einer Pfanne erhitzen. Zwiebel darin andünsten. Tomaten- sowie Paprikamark unterrühren und ca. 1 Min. anschwitzen. Gewürze hinzufügen. Kurz umrühren und Herd ausschalten.
- Linsen und Bulgur in eine große Schüssel geben. Zwiebel-Gewürz-Mischung unterheben. Restliche Zutaten zufügen und alles gut vermengen.
- Aus der Masse kleine Frikadellen formen und diese auf einer schönen Platte anrichten. Mit Gurkenscheiben oder Salatblättern garnieren.

Limonade
Limon Şerbeti

ZUTATEN

1 l	Wasser
150 g	Zucker
	Saft von 6 Zitronen und 2 Limetten (zusammen mind. 250 ml)
	fein abgeriebene Schale von 3 unbehandelten Zitronen
	fein abgeriebene Schale von 2 unbehandelten Limetten
	Zitronen- oder Limettenscheiben (unbehandelt) und frische Minze zum Garnieren

ZUBEREITUNG

- In einem Topf Wasser gemeinsam mit Zucker zum Kochen bringen und bei mittlerer Hitze etwa 5 Min. köcheln lassen.
- Zitronen- sowie Limettensaft und abgeriebene Schale der Zitrusfrüchte zufügen. Das Ganze einmal aufkochen lassen, dann vom Herd nehmen. Die dickflüssige Limonade im Kühlschrank gut abkühlen und am besten über Nacht ziehen lassen.
- Limonade abseihen. Je nach Geschmack mit kaltem Wasser verdünnen.

ZUM SERVIEREN

Einige Eiswürfel und Minzblätter in hohe Gläser geben, jeweils mit gut gekühlter Limonade auffüllen. Glasränder mit Zitronen- oder Limettenscheiben garnieren.

BESUCH IN KONYA

BESUCH IN KONYA

Zu jedem Sommerurlaub gehörte ein Besuch in Konya, das etwa 160 km vom Dorf meiner Großeltern entfernt ist. Die Straße dorthin führt durch die weite Hochebene und flimmerte in der heißen Sonne. Die Reifen unseres Autos klebten förmlich am Asphalt. Weit und breit war kein schattenspendender Baum zu sehen. Zur einen Seite erahnte man die Ufer des größten Salzsees der Türkei (*Tuz Gölü*), auf der anderen Seite schien eine unendliche Wüste zu liegen.

Einmal war unser Ziel Mevlana, das einstige Kloster des berühmten Sufimeisters Cemaleddin Rumi vom Mevlevi-Orden. Heute ist das Kloster ein Museum. Es liegt gleich neben einer großen Moschee in Konya. Im Innenhof verströmt ein Rosengarten feinen Duft, daneben plätschert das Wasser eines verzierten Moscheebrunnens. Als Erstes gingen wir zum Brunnen und ließen das wohltuend kalte Wasser über Hände und Arme fließen. In einer anderen Ecke des Hofes steht ein Zierbrunnen. Das Museum liegt an einem großen Platz, der von vier belebten Straßen umzingelt ist. Der Verkehrslärm schien an den Mauern entlangzugleiten, ohne sich hineinzuwagen.

Im Kloster selbst war es angenehm kühl. Am Eingang und an den Grabstätten der Derwische stehen Verse an den Wänden. Mein Lieblingsvers von Rumi ist auch darunter: »Egal wer du bist, woher du kommst, unsere Türen sind für dich geöffnet«. Die Gräber sind mit dunkelroten und dunkelblauen sowie grünen bestickten oder gewebten Stoffen bedeckt. Die Gold- und Silberstickereien glänzten im gedämpften Licht. Auf dem Boden lagen handgeknüpfte Teppiche, die unsere Fußsohlen sanft kitzelten. Aus Duftlampen strömte schwacher Rosenduft. Die mittlere und größte Kuppel war mit unzähligen, kleinen ausgehauenen Quadern verziert. Im Nebengebäude waren Koranseiten und Musikinstrumente ausgestellt.

Meine Großeltern waren große Bewunderer von Rumi und seinen Gedanken. Deshalb ließen sie für einen Tag alles bereitwillig stehen und liegen, um nach Konya mitfahren zu können. Dede erzählte uns mit leuchtenden Augen von seinem ersten Besuch im Mevlana-Kloster, bei dem er die Derwische zur rituellen Musik im Kreis tanzen sah.

Anschließend nahm uns Baba zu einem Bäcker mit. Dort gab es *Etli Ekmek.* Diese etwa einen Meter langen Brotfladen mit Hackfleischfüllung sind eine Spezialität aus Konya. Sie dampften noch, als der Bäcker sie uns servierte: knusprige Ränder mit einer gleichmäßigen Fleischfüllung in der Mitte und als Garnitur ein paar geröstete Peperoni. Baba drückte Zitronenviertel über der Fleischfüllung aus und rollte uns die *Etli Ekmek* zu handlichen Größen zusammen.

Türkische Pizza
Etli Ekmek ve Lahmacun

ZUTATEN FÜR 4 PERSONEN

FÜR DEN TEIG

500 g	Mehl
1 Würfel	frische Hefe oder 1 Päckchen Trockenhefe
etwa 50 ml	warmes Wasser
½ TL	Zucker
1	Ei
150 g	Naturjoghurt
2 EL	extra natives Olivenöl
1 TL	Salz
	Mehl zum Ausrollen
	Fett für das Blech

FÜR DIE FÜLLUNG

500 g	Lammhackfleisch
2	Zwiebeln, sehr fein gewürfelt
3	Tomaten, geschält und fein gewürfelt
2	türkische milde Peperonischoten, fein gewürfelt
1 EL	Tomatenmark (*Domates Salçası*)
je 1 TL	Paprikamark (*Biber Salçası*) und edelsüßes Paprikapulver
	Salz, frisch gemahlener Pfeffer

ZUM BELEGEN

2	türkische milde Peperonischoten, längs geviertelt

ZUM BESTREICHEN

2 EL	zerlassene Butter

ZUM SERVIEREN

Zitronenviertel

ZUBEREITUNG

- Für den Teig das Mehl in eine große Schüssel sieben, in die Mitte eine Mulde drücken, Hefe hineinbröckeln und in ca. 50 ml warmem Wasser auflösen. Zucker hinzufügen und den Vorteig etwa 5 Min. ruhen lassen. Restliche Zutaten für den Teig zugeben und das Ganze zu einem glatten, mittelfesten Teig verkneten. Gut durchschlagen. Eventuell noch etwas warmes Wasser hinzufügen. Den Teig mind. 30 Min. gehen lassen.
- In einer Schüssel die Zutaten für die Füllung mischen, salzen und pfeffern.
- Für *Etli Börek:* Aus dem Teig 8 Kugeln formen. Diese auf einer bemehlten Arbeitsfläche zu 10 cm breiten und 30 cm langen Teigfladen ausrollen. Jeweils etwas Füllung daraufgeben und diese etwa handbreit mittig der Länge nach glatt streichen. Die Längskanten 2 cm breit über die Füllung schlagen und die beiden Enden zusammendrücken. Diese gefüllten Teigfladen auf ein gefettetes Backblech setzen. Auf die Fleischfüllung ein paar Peperonistreifen geben. Die restlichen Teigkugeln ebenso verarbeiten.
- Für *Lahmacun:* Aus dem Teig 12 Kugeln formen und diese auf einer bemehlten Arbeitsfläche zu Kreisen mit 15 cm Durchmesser ausrollen. Gleichmäßig mit Füllung bestreichen, auf ein gefettetes Backblech setzen und mit Peperonistreifen belegen.
- Im vorgeheizten Backofen auf der mittleren Schiene bei 230 °C (Umluft 210 °C) etwa 15–20 Min. backen. Die Teigränder sofort mit geschmolzener Butter bestreichen. Mit Zitronenvierteln garnieren und heiß servieren.

TIPP

Zu den Lahmacun schmeckt ein mit frischer Petersilie, Frühlingszwiebeln, Zitronensaft und Olivenöl gewürzter Romanasalat sehr gut. Wir geben etwas Salat auf die Lahmacun, rollen diese wie dicke Zigarren zusammen und genießen sie mit einem Glas Ayran (Joghurtgetränk).

Hackfleischbällchen mit Fetakäse

Beyaz Peynirli Köfte

ZUTATEN FÜR 4 PERSONEN

FÜR DEN FLEISCHTEIG

1 EL	extra natives Olivenöl
1	große Zwiebel, sehr fein gewürfelt
1–2	türkische grüne milde Peperonischoten, sehr fein gewürfelt
je 250 g	Lamm- und Rinderhackfleisch
1	Ei
50 g	Weißbrot vom Vortag, in Wasser eingeweicht und ausgedrückt
2 EL	glatte Petersilie, gehackt
je ½ TL	getrockneter Thymian, Oregano und getrocknetes Basilikum

½ TL edelsüßes Paprikapulver
je ¼ TL Zimt-, Nelken- und Pimentpulver
¼ TL gemahlener Kreuzkümmel
Salz, frisch gemahlener Pfeffer

FÜR DIE FÜLLUNG

200 g milder Fetakäse, in 8–12 Stücke geschnitten

AUSSERDEM

neutrales Öl zum Braten

ZUBEREITUNG

- Olivenöl in einer Pfanne erhitzen. Zwiebel und Peperoni darin etwa 5 Min. glasig dünsten, vom Herd nehmen.
- Zwiebel und Peperoni zusammen mit den restlichen Zutaten für den Fleischteig in eine große Schüssel geben und zu einer glatten Masse verarbeiten. 8–12 ovale Fleischbällchen formen. In die Mitte jedes Bällchens ein Stück Fetakäse geben und das Bällchen wieder gut verschließen.
- In einer Bratpfanne etwas neutrales Öl erhitzen und die Fleischbällchen darin bei mittlerer Hitze unter häufigem Wenden knusprig braun braten.

VARIANTE 1

Kartoffeln mit Hackfleischbällchen (*Fırında Patatesli Köfte*): 1 kg Kartoffeln schälen, in Scheiben schneiden und mit 1 TL Paprikapulver, 1 TL getrocknetem Thymian, 1 EL Tomatenmark, 2 EL Olivenöl vermischen: Salzen und pfeffern. Die Kartoffeln in eine gut gefettete Auflaufform geben. Aus dem Fleischteig 8–12 Bällchen formen (ohne Fetakäse) und diese auf den Kartoffeln verteilen. Im vorgeheizten Backofen bei 230 °C (Umluft 210 °C) auf mittlerer Schiene etwa 25 Min. garen.

VARIANTE 2

Bratlinge mit Fetakäsefüllung (*Peynirli Mercimek Köftesi*): Masse für Grüne-Linsen-Bratlinge herstellen (Rezept siehe S. 88). Die weich gekochten, abgetropften Linsen in einer Küchenmaschine fein pürieren. Die restlichen Zutaten untermengen und 8–12 längliche Bratlinge formen. In die Mitte jedes Teilchens ein Stück Fetakäse geben und wieder gut verschließen. In einer Pfanne etwas neutrales Öl erhitzen und die Bratlinge bei mittlerer Hitze unter häufigem Wenden garen.

Grüne-Linsen-Bratlinge
Yeşil Mercimek Köftesi

ZUTATEN FÜR 12 STÜCK

125 g	getrocknete, grüne Linsen
1	kleines Lorbeerblatt, 2 Nelken, ¼ Zimtstange
100 g	feiner Bulgur
1	Karotte, fein gerieben
½ Bund	Frühlingszwiebeln, fein gewürfelt
½ Bund	glatte Petersilie, gehackt
1	Ei
2 EL	Mehl
je ¼ TL	Thymian, Basilikum und Oregano, getrocknet
¼ TL	edelsüßes Paprikapulver
	Salz, frisch gemahlener Pfeffer
	neutrales Öl zum Braten

ZUBEREITUNG

- Linsen waschen und gemeinsam mit Lorbeer, Nelken und Zimtstange in einen Topf geben. Etwa 500 ml Wasser hinzufügen und die Linsen bei mittlerer Hitze in etwa 10 Min. weich kochen. Abseihen und die Gewürze entfernen. Bulgur mit 150 ml warmem Wasser übergießen und 10 Min. quellen lassen.
- Alle Zutaten in eine große Schüssel geben. Mit Salz und Pfeffer würzen und zu einer glatten Masse verkneten. Daraus 12 Bratlinge formen.
- In einer Pfanne 2 EL Öl erhitzen und die Bratlinge darin bei mittlerer Hitze unter häufigem Wenden knusprig braten. Heiß servieren.

Lammragout mit Aprikosen

Kayısılı kuzu

ZUTATEN FÜR 4 PERSONEN

2 EL extra natives Olivenöl
4 Zwiebeln, fein gewürfelt
500 g Lammfleisch aus der Keule, gewürfelt
Salz, frisch gemahlener Pfeffer
2 EL Butter
500 g unreife Aprikosen, entkernt, oder 200 g getrocknete, entkernte säuerliche Aprikosen
je ¼ TL Zimt-, Nelken- und Pimentpulver
1 EL Granatapfelsirup (*Nar ekşisi*)

ZUBEREITUNG

- Olivenöl in einem Topf erhitzen. Zwiebeln darin glasig dünsten. Fleisch hinzufügen und bei mittlerer Hitze etwa 10 Min. anbraten. Salzen und pfeffern. Mit 500 ml heißem Wasser aufgießen und das Ganze zum Kochen bringen. Deckel aufsetzen und das Fleisch bei geringer Hitze etwa 1 Std. schmoren lassen, bis es weich ist.
- Butter in einer Pfanne erhitzen. Die Aprikosen darin bei mittlerer Hitze etwa 5 Min. gut anbraten. Herd ausschalten. Bei Verwendung von getrockneten Früchten diese vorher 1 Std. in warmem Wasser einweichen. Dann abseihen und in Butter andünsten.
- Nach Ende der Garzeit des Fleisches die Aprikosen dazugeben. Mit Zimt-, Nelken- und Pimentpulver würzen. Mit Salz sowie Pfeffer abschmecken und zum Kochen bringen. Den Granatapfelsirup unterrühren und das Ragout bei geringer Hitze weitere 15 Min. schmoren lassen.

OPFERFEST UND BESUCH IM BERGDORF

OPFERFEST UND BESUCH IM BERGDORF

Am Tag des Opferfestes beluden meine Eltern den Kofferraum mit Fleisch und wir fuhren in abgelegene Dörfer, um es an die Armen zu verteilen. Meine Eltern verteilten zwei Drittel des Opferfleisches. Den Rest nahmen wir mit, um ihn in einem Bergdorf mit unseren ältesten Verwandten zu verspeisen. Meine Urgroßmutter wohnte dort bei unserem Großonkel.

Dieses Dorf steht auf einem Felsen am Fuße eines Berges. Der Fels fällt zu drei Seiten schroff ab, der dahinter liegende Berg ist nur vom Dorf aus zugänglich. Lange Zeit existierte keine Straße, die ins Dorf hinaufführte. Um dorthin zu gelangen, musste man wandern. Die Siedlung ruhte wie eine Festung auf dem Felsen. Die weißgetünchten, niedrigen Lehmhäuser, die sich gegen den Berg lehnten, leuchteten in der Sonne und sahen vor dem hellen, sandfarbenen Felsen wie übergroße Adlerflecken aus. Es war schwer, Berg, Fels und Dorf im gleißenden Licht auseinanderzuhalten. Blauer, wolkenloser Himmel und das grüne Tal unterhalb des Felsens umrahmten das von der Sonne angestrahlte Dorf. Erst wenn man näher kam, konnte man sehen, dass vor einigen Häusern Pelargonien in bunten Blechkisten strahlten. In der Mitte des Dorfplatzes stand der Brunnen, an dem sich die Menschen trafen, wenn sie ihr Wasser für den Tag holten.

Meine Urgroßmutter war klein, zierlich und gebückt. Sie saß auf einem bunten Sitzkissen und lehnte ihren Rücken gegen die weiße Hauswand. Sie versprengte etwas Wasser vor dem Hauseingang, um einen Hauch von Frische einzuatmen. Ihr Gesicht und ihre Hände waren fast so dunkel wie ihre Kleidung. Sie konnte nur noch wenig sehen, erkannte aber jeden an der Stimme. Wir Kinder hatten etwas Scheu vor ihr. Sie nahm uns nacheinander in den Arm und tastete unsere Gesichter ab. Ihre Handflächen fühlten sich wie feines Sandpapier an und rochen nach Milch und Schafen.

Am späten Abend kamen Verwandte und Freunde hinzu, nachdem sie ihre Schafe und Ziegen versorgt hatten. Sie brachten Gemüse und Obst aus ihren Gärten im Tal mit, Yufka und natürlich Schafsmilchjoghurt sowie Schafskäse. Alle umarmten sich. Mein Dayı (Onkel) war für seine *Sac kavurması* berühmt. Er schnitt das Lammfleisch in Würfel und hackte Unmengen von Zwiebeln und Peperonischoten hinein. Das Fleisch brutzelte über offenem Feuer in einem *Sac* (gewölbte Eisenpfanne). Wir standen um den *Sac* herum und warteten auf den Moment, in dem wir unsere Brote in die Fleischsauce tunken durften. Wenn es soweit war, gab Dayı uns ein Zeichen. Es zischte kurz, wenn wir unser Brot eintunkten und es sich vollsog. Beim Abbeißen füllte sich der Mund mit würziger Fleischsauce. Auf dem Dorfplatz wurden mehrere Sofras gedeckt. Dicht aneinander gedrängt saßen wir zusammen, wärmten uns gegenseitig und aßen im Schein der Fackeln. Es war dunkel und kühl geworden. Eine unendliche Decke aus Sternen breitete sich über uns aus. Die Männer zogen sich später zum Feuer zurück, wo sie die Samowars mit Glut anzündeten und Tee zubereiteten. Sie hüllten sich in ihre Jacken und zogen die Schirmmützen tiefer in ihre Gesichter. Ihre Glimmstängel sahen Glühwürmchen zum Verwechseln ähnlich.

Lamm in der Wokpfanne gegart
Sac Kavurması

ZUTATEN FÜR 4 PERSONEN

800 g	Lammfleisch aus der Keule, gewürfelt
2 EL	extra natives Olivenöl
4	Zwiebeln, fein gewürfelt
4	türkische milde Peperonischoten, fein gewürfelt
4	Tomaten, fein gewürfelt
½ Bund	Thymian
	Salz, frisch gemahlener Pfeffer
½ Bund	glatte Petersilie, gehackt

FÜR DIE MARINADE

2–3	Zwiebeln, fein gerieben
2 EL	Zitronensaft
2 EL	Olivenöl
1	Knoblauchzehe, fein gewürfelt

ZUBEREITUNG

- Für die Marinade die fein geriebenen Zwiebeln durch ein Musselintuch pressen und den Saft in einer großen Schüssel auffangen. Das Zwiebelpüree nicht weiter verwenden. Die restlichen Zutaten für die Marinade in die Schüssel geben und mischen. Fleisch untermengen und 30 Min. marinieren lassen. Danach die Flüssigkeit abgießen.
- Einen Wok mit dem Olivenöl ausstreichen und kräftig erhitzen. Zwiebeln darin glasig dünsten und zur Seite schieben. Peperonischoten dazugeben, etwa 2 Min. andünsten und zur Seite schieben. Fleisch zufügen und unter häufigem Wenden etwa 10 Min. scharf anbraten, bis der Fleischsaft verdampft und das Fleisch gebräunt ist. Zwiebeln und Peperoni zum Fleisch schieben und umrühren.
- Tomaten und Thymianzweige dazugeben. Mit Salz und Pfeffer würzen. Fleisch unter gelegentlichem Umrühren bei mittlerer Hitze zugedeckt weitere 15–20 Min. garen.
- Thymianzweige entfernen. Petersilie unterheben und das Fleischgericht heiß servieren. Knuspriges Fladenbrot dazu reichen.

Weiße-Bohnen-Salat
Fasulye Piyazı

ZUTATEN FÜR 4–6 PERSONEN

250 g getrocknete, weiße Bohnen, über Nacht eingeweicht
1 kleines Lorbeerblatt
3 Nelken
¼ Zimtstange
½ Bund Frühlingszwiebeln, in Ringe geschnitten
1 weiße Zwiebel, in Ringe geschnitten
1 Bund glatte Petersilie, gehackt
4 EL extra natives Olivenöl
Saft von 1 Zitrone
Salz, frisch gemahlener, weißer Pfeffer
1 EL Granatapfelsirup (*Nar Ekşisi*)

ZUBEREITUNG

- Bohnen gemeinsam mit Lorbeerblatt, Nelken und Zimtstange in einen Topf geben. Mit 1 l Wasser aufgießen und zum Kochen bringen. Bohnen bei mittlerer Hitze in etwa 30 Min. weich kochen. Dann abseihen, abtropfen lassen und die Gewürze entfernen.
- Bohnen, Frühlingszwiebeln, Zwiebel und Petersilie in eine große Schale geben. Mit Olivenöl, Zitronensaft, Salz sowie Pfeffer würzen und alles gut durchmischen. Salat mind. 15 Min. durchziehen lassen.
- Granatapfelsirup in feinem Strahl über dem Salat verteilen. Knuspriges Weißbrot dazu reichen.

TIPP

Sie können auch Bohnen aus dem Glas nehmen. Diese vor der Verwendung gründlich kalt abbrausen.

Würziger Reis
Nohutlu Pirinç Pilavı

ZUTATEN FÜR 4 PERSONEN

50 g	getrocknete Kichererbsen, über Nacht eingeweicht (oder 100 g aus dem Glas)
½	Zimtstange
3	Nelken
1	Lorbeerblatt
250 g	Langkornreis
2 EL	Butter
2	Zwiebeln, fein gewürfelt
2	türkische milde Peperonischoten, fein gewürfelt
2	Tomaten, geschält und gewürfelt
1 Msp.	geschroteter Koriander
½ TL	rosenscharfes Paprikapulver
	Salz, frisch gemahlener Pfeffer

ZUBEREITUNG

- Kichererbsen gemeinsam mit Zimtstange, Nelken und Lorbeerblatt in einen Topf geben. 500 ml Wasser angießen und zum Kochen bringen. Kichererbsen bei mittlerer Hitze in etwa 30 Min. bissfest garen. Abseihen und Gewürze entfernen.
- In der Zwischenzeit Reis waschen.
- Butter in einem Topf erhitzen. Zwiebeln darin glasig dünsten. Peperoni sowie Tomaten zufügen und 5 Min. andünsten. Reis und Kichererbsen zugeben. 500 ml warmes Wasser angießen, mit Koriander und Paprikapulver würzen, zum Kochen bringen. Den Deckel aufsetzen und bei geringer Hitze 15 Min. garen.
- Herd ausschalten, sobald die Flüssigkeit verdampft ist. Zwischen Topf und Deckel ein sauberes, trockenes Geschirrtuch legen, Deckel wieder fest aufsetzen und den Reis 10 Min. auf der noch warmen Herdplatte ruhen lassen.

Karottenpüree
Havuç Ezmesi

ZUTATEN FÜR 4 PERSONEN

1 EL	extra natives Olivenöl
2–3	Karotten, in Scheiben geschnitten
1	Knoblauchzehe, fein gewürfelt
250 g	Naturjoghurt
	Salz, frisch gemahlener Pfeffer
	gehackte, glatte Petersilie zum Garnieren

ZUBEREITUNG

- Das Olivenöl in einer Pfanne erhitzen. Karotten und Knoblauch darin andünsten. Etwa 3 EL Wasser hinzufügen und die Karotten bei geringer Hitze in etwa 5 Min. weich garen.
- Karotten und Knoblauch in einer Küchenmaschine oder mit einem Mixstab fein pürieren und in eine Schale füllen.
- Joghurt unterrühren. Karottenpüree mit Salz und Pfeffer abschmecken. Mit Petersilie garnieren und lauwarm oder kalt servieren.

doğadan
NANE
LİMON
BİTKİ ÇAYI
Mint-Lemon Herbal Tea

Tee

Çay

ZUTATEN FÜR 4–6 PERSONEN

500 ml Wasser
2 EL türkischer, schwarzer Tee (vorzugsweise aus Rize)
1 TL *Tomurcuk Çayı* (aromatische Teespitzen aus der Türkei)
Zucker und Zitronenscheiben zum Servieren

ZUBEREITUNG

- Wasser aufkochen lassen.
- Tee in eine feuerfeste Teekanne oder einen Milchtopf geben und auf den Herd stellen. Kochendes Wasser hineingießen und den Tee zum Kochen bringen. Deckel auflegen und bei geringer Hitze mind. 10 Min. ziehen lassen, bis sich der Tee abgesetzt hat.
- Zum Servieren Teegläser bis zur Hälfte mit starkem Tee füllen. Mit kochend heißem Wasser auffüllen. Nach Geschmack süßen und Zitronenscheiben dazu reichen.

NUDELN BEI NENE

NUDELN BEI NENE

Bei Nene gab es nur selbst gemachte Nudeln, ob Suppen-, Schnitt- und Schmetterlingsnudeln oder gefüllte Nudeln. Die Herstellung von Nudeln war deshalb immer eine Tagesbeschäftigung, weil wir sie als Vorrat in sehr großen Mengen machten. Wenn meine Anne (Mutter) im Sommer da war, bereiteten die beiden die Nudeln gemeinsam zu.

Nene hatte eine ganz genaue Vorstellung, wie der Nudelteig beschaffen sein musste, wie dick er ausgerollt werden durfte und wie fein er geschnitten werden musste. Wir saßen auf der Terrasse. Anne siebte das Mehl in eine große Schüssel, Nene schlug Eier hinein und ließ den Grieß nach Gefühl dazurieseln. Anne rührte den Teig an. Dann kamen wir Kinder an die Reihe und kneteten abwechselnd den Teig. Wenn der Teig fest war und sich geschmeidig anfühlte, war Nene zufrieden. Durch die vielen Eier und den Grieß sah der Teig schon in rohem Zustand honiggolden aus.

Während Anne und Nene die Nudelblätter ausrollten, legten wir unzählige Baumwolltücher auf der Wiese aus. Die Nudelblätter trugen wir mithilfe des Nudelholzes zum Antrocknen auf die Baumwolltücher. Wir blieben dort sitzen, drehten gelegentlich die Blätter um und ließen sie von der warmen Sonne trocknen. Nach dem Trocknen schnitten Anne und Nene die Blätter in feine Streifen als *Erişte*, größere Streifen formten sie zu Schmetterlingsnudeln. Anschließend breiteten wir die geschnittenen und geformten Nudeln erneut auf den Baumwolltüchern aus. Einen Teil der Schnitt- und Suppennudeln rösteten wir nach dem Trocknen ohne Fett im *Sac* (gewölbte Eisenpfanne) über offenem Feuer. Wir nannten sie die duftenden Nudeln. Selbst wenn sie Wochen später gekocht wurden, dufteten sie so, als wären sie gerade erst geröstet worden.

Aber die besten Sachen kamen zum Schluss – etwa frisch gefüllte Nudeln (*Mantı*) oder Pastete mit Nudelteig (*Su Böreği*) zum Abendessen. Unser Leibgericht war *Mantı*. Nene erntete dafür Minze, Petersilie und Frühlingszwiebeln, und Anne holte das Hackfleisch aus dem Kühlschrank. Die Terrasse war bald vom Duft der Minze und der Frühlingszwiebeln erfüllt. Die feinen Nudeln wurden mit Joghurtsauce und Tomatensauce mit Minze serviert. Die heißen, würzig gefüllten Nudeln schmeckten mit dem kühlen, säuerlichen Joghurt und der Minzsauce herrlich frisch und leicht.

MALİYE BAKANLIĞI
T.C.

ADİSYON

SERİ A SIRA № 142953

Il Kodu 34

Tarih

Gefüllte Nudeln
Manti

ZUTATEN FÜR 4 PERSONEN

FÜR DIE NUDELN

250 g Mehl
2 Eier

FÜR DIE FLEISCHFÜLLUNG

250 g Rinderhackfleisch
½ Bund Frühlingszwiebeln, fein gewürfelt
½ Bund glatte Petersilie, fein gehackt
½ Bund Minze, fein gehackt
¼ TL edelsüßes Paprikapulver
Salz, frisch gemahlener Pfeffer

FÜR DIE VEGETARISCHE FÜLLUNG

2 gekochte Pellkartoffeln (200 g), geschält und durch die Kartoffelpresse gedrückt
½ Bund Frühlingszwiebeln, fein gewürfelt
½ Bund glatte Petersilie, fein gehackt
½ Bund Minze, fein gehackt
¼ TL edelsüßes Paprikapulver
Salz, frisch gemahlener Pfeffer

FÜR DIE SAUCEN

250 g Joghurt
1 Knoblauchzehe, gewürfelt und im Mörser zerrieben (optional)
je ½ TL getrocknete Minze und getrockneter Thymian
1 EL Butter
1 TL Tomatenmark (*Domates Salçası*)
½ TL edelsüßes Paprikapulver
2 EL Wasser
1 Prise Salz

ZUBEREITUNG

- Für den Nudelteig das Mehl in eine Schüssel sieben, die Eier hineinschlagen und unterrühren. So viel Wasser hinzugeben, bis ein fester, aber geschmeidiger Nudelteig entsteht. Den Teig gut durchkneten. Halbieren und zu Kugeln formen. Mit Frischhaltefolie abdecken und mind. 20 Min. ruhen lassen.
- Für beide Füllungen jeweils alle Zutaten in einer Schüssel mischen und mit Salz und Pfeffer würzen.
- Für die Joghurtsauce Joghurt und Knoblauch in einer Schale glatt und cremig rühren.
- Die Teigkugeln nacheinander auf einer bemehlten Arbeitsfläche zu 2 mm dicken Platten ausrollen. Teigplatten in Quadrate mit 3 cm Seitenlänge schneiden. In die Mitte jedes Teigquadrats etwas Füllung geben. Quadrate zu Dreiecken zusammenklappen und die Ränder gut andrücken. Auf diese Weise alle Teigplatten und beide Füllungen verarbeiten. Gefüllte Dreiecke bis zur Weiterverarbeitung auf bemehlten Küchentüchern ausbreiten.
- Mantı in kochendem Salzwasser in etwa 5 Min. bissfest garen, abseihen und warm stellen.
- Minze und Thymian im Mörser zerreiben. Butter in einem kleinen Topf schmelzen. Tomatenmark und Gewürze einrühren, kurz aufschäumen lassen. 2 EL Wasser zufügen und ganz leicht salzen.
- Gefüllte Nudeln auf Tellern verteilen. Jeweils etwas Joghurt und Tomatensauce darübergeben. Sofort servieren.

VARIANTE

Falsche Mantı (*Yalancı Mantı*): 500 g Schmetterlingsnudeln (Kelebek oder Farfalle) in kochendem Salzwasser bissfest garen. Für die Tomatensauce 250 g Rinderhackfleisch in Olivenöl anbraten. Mit 2 EL Tomatenmark, je 1 TL getrockneter Minze und Thymian und edelsüßem Paprikapulver würzen. Salzen, pfeffern und nach Bedarf etwas Wasser einrühren. Schmetterlingsnudeln mit Joghurt und Hackfleisch-Tomaten-Sauce wie oben beschrieben servieren.

TIPP

Ersetzen Sie die gefüllten Nudeln durch das Fertigprodukt *Kayseri Mantısı* aus dem türkischen Feinkostladen oder andere gefüllte Nudeln und servieren Sie diese mit den oben beschriebenen Saucen.

Pastete mit Nudelteig
Su Böreği

ZUTATEN FÜR 4 PERSONEN

FÜR DEN TEIG

300 g Mehl
3 Eier
Fett für die Form
Mehl zum Ausrollen

ZUM BESTREICHEN

1 Ei
150 g Joghurt
2 EL extra natives Olivenöl

FÜR DIE KÄSEFÜLLUNG SIEHE REZEPT AUF SEITE 146

ZUBEREITUNG

- Für den Nudelteig Mehl in eine Schüssel sieben, die Eier hineinschlagen und unterrühren. So viel Wasser hinzugeben, bis ein fester, aber geschmeidiger Nudelteig entsteht. Den Teig gut durchkneten. Mit Frischhaltefolie abdecken und mind. 20 Min. ruhen lassen.
- In einer Schale Ei, Joghurt und Olivenöl gut verquirlen.
- Eine runde Auflaufform oder eine große Lasagneform ausfetten.
- Aus dem Nudelteig 10 Kugeln formen. Auf einer bemehlten Arbeitsfläche zu 9 dünnen Platten in Größe der Auflaufform ausrollen. Auf bemehlten Geschirrtüchern ausbreiten und antrocknen lassen, bis alle Teigkugeln verarbeitet sind. Eine Platte größer als die Auflaufform ausrollen und in die gefettete Form legen, dabei die Ränder überhängen lassen.
- Reichlich Salzwasser in einem großen Topf zum Kochen bringen. Eine große Schüssel mit kaltem Wasser und ein Sieb mit Unterschale bereithalten. Jeweils eine Teigplatte in das kochende Salzwasser gleiten lassen, 15 Sek. garen, mit einem Schaumlöffel herausnehmen, sofort ins kalte Wasser tauchen und gut abtropfen lassen. Auf Küchentüchern gründlich abtupfen, in die Auflaufform geben, glatt streichen und mit dem Ei-Gemisch bestreichen. Jede folgende Teigplatte ebenfalls mit Ei-Gemisch bestreichen. Nach 3 Teigplatten die Hälfte der Füllung gleichmäßig darauf verteilen. Nach weiteren 3 Teigplatten restliche Füllung daraufgeben. Mit den übrigen 3 Teigplatten abschließen. Überhängende Ränder der größeren Platte einschlagen.
- Die Pastete im vorgeheizten Backofen bei 220 °C (Umluft 200 °C) auf mittlerer Schiene etwa 40 Min. backen.

TIPP

Sie können diese Pastete auch mit fertigen »Yufka Blättern für Su Böreği« zubereiten (aus dem türkischen Feinkostladen). Diese entsprechend der Packungsanweisung etwa 5 Min. lüften und danach wie oben beschrieben vorkochen, schichten und backen.

Nudeln mit Fetakäse

Erişte

ZUTATEN FÜR 4 PERSONEN

FÜR DIE NUDELN

250 g	Mehl
50 g	Grieß
2	Eier
etwa 100 ml	Wasser
	Mehl zum Ausrollen

FÜR DIE SAUCE

3–4 EL	Butter
200 g	Fetakäse, zerbröckelt

ZUBEREITUNG

- Das Mehl in eine Schüssel sieben, die Eier hineinschlagen, die restlichen Teigzutaten hinzugeben und unterrühren. So viel Wasser zugeben, bis ein fester, aber geschmeidiger Nudelteig entsteht. Den Teig gut durchkneten. Halbieren und zu Kugeln formen. Mit Frischhaltefolie abdecken und etwa 20 Min. ruhen lassen.
- Teigkugeln auf einer bemehlten Arbeitsfläche zu 2–3 mm dicken Platten ausrollen. Platten auf bemehlte Küchentücher legen und antrocknen lassen.
- Teigplatten in 5 cm breite Streifen schneiden, diese bemehlen und bis zu vier Streifen übereinander schichten. Mit einem scharfen Messer in 2 mm breite Stifte schneiden. Auf diese Weise alle Teigplatten verarbeiten. Die feinen Nudeln bis zur Weiterverarbeitung auf bemehlten Küchentüchern ausbreiten und antrocknen lassen.
- Nudeln in reichlich kochendem Salzwasser in etwa 3 Min. bissfest garen, anschließend abseihen.
- Butter in einer großen Pfanne erhitzen. Die Nudeln dazugeben und das Ganze gut durchmischen. Herd ausschalten. Fetakäse unterheben. Die Nudeln heiß servieren.

TIPP

Die Nudelstifte ohne Fett im Backofen leicht braun rösten und danach wie oben beschrieben garen und servieren.

VARIANTE

Nudeln mit Tomatenmark (*Salçalı Makarna*): Die Nudeln wie beschrieben zubereiten und anschließend bissfest garen. In einer tiefen Pfanne 4 EL extra natives Olivenöl erhitzen. 2–3 EL Tomatenmark sowie 1 TL Paprikamark einrühren, leicht salzen und etwa 1 Min. köcheln lassen. Gegarte Nudeln zugeben und alles gut vermischen. Sofort servieren.

Auberginensauce
Patlıcanlı Sos

ZUTATEN FÜR 4 PERSONEN

2 EL extra natives Olivenöl
1 große Zwiebel, fein gewürfelt
1 Knoblauchzehe, fein gewürfelt
2 mittelgroße Auberginen, geschält und fein gewürfelt
1 rote Paprikaschote, fein gewürfelt
3–4 Tomaten, geschält und fein gewürfelt
¼ TL Chiliflocken (*Pulbiber*) oder Cayennepfeffer
Salz, frisch gemahlener Pfeffer
½ Bund glatte Petersilie, gehackt

ZUBEREITUNG

- Olivenöl in einer Pfanne erhitzen. Zwiebel und Knoblauch darin glasig dünsten.
- Auberginen hinzufügen und bei mittlerer Hitze etwa 5 Min. anbraten. Paprikaschote sowie Tomaten hinzugeben und weiter dünsten.
- Mit den Gewürzen abschmecken und bei geringer Hitze zugedeckt etwa 15–20 Min. garen. Eventuell etwas Wasser hinzufügen, wenn die Sauce zu dickflüssig wird. Kurz vor dem Servieren die Petersilie unterheben.

TIPP

Diese Sauce eignet sich sehr gut als Dip oder als Sauce zu Nudeln.

Mokka
Kahve

ZUTATEN FÜR 4 PERSONEN

4	Mokkatassen Wasser
2 TL	türkischer Kaffee
1–2 TL	Zucker

ZUBEREITUNG

- Alle Zutaten in einen Mokkatopf oder kleinen Saucentopf geben und unter Rühren langsam erhitzen. Sobald der Kaffee aufsteigt, den Topf vom Herd nehmen und den Kaffeeschaum löffelweise auf Mokkatassen verteilen. Den Kaffee wieder auf die Herdplatte stellen und aufkochen lassen. Den heißen Kaffee langsam in die Mokkatassen füllen.

HOCHZEIT IM DORF

HOCHZEIT IM DORF

Die Gäste begrüßten wir mit Zitronen-Cologne, Lokum und eiskalter Limonade. Die Dorfjugend schmückte das Brauthaus, den Dorfplatz, die Autos und Traktoren. Überall hingen bunte Glühbirnen und Papiergirlanden. Aus Radiorecordern tönte türkische Popmusik. Einige Dorffrauen hatten sich zu Gruppen zusammengeschlossen und kochten in riesigen Kesseln über offenem Feuer Klößchensuppe, Bohnenragout und Reis für die Hochzeitsgesellschaft. Es brutzelte und dampfte die ganze Zeit. Jeder Dorfbewohner brachte etwas mit: Gemüse, Salat, getrocknete und frische Früchte, Joghurt, Schafskäse und Yufka.

Als am zweiten Tag die Reihenfolge der Autokolonne feststand, kletterten viele gemeinsam mit den Musikern auf die Anhänger der Traktoren. Mit dem Hochzeitsauto an der Spitze fuhren wir los, um die Braut von ihrem Dorf abzuholen. Während der gesamten Fahrt sangen, tanzten und klatschten wir zur Musik. Unsere Kolonne musste mehrmals anhalten, weil sich der Bräutigam seinen Weg zur Braut »freikaufen« musste. Die längsten Verhandlungen gab es an der Eingangstür zum Haus der Braut. Der Bräutigam musste viele Forderungen erfüllen, bevor er mit seinem Gefolge eintreten durfte. Die Braut sah wie eine märchenhafte türkische Prinzessin aus und duftete betörend nach Rosen. Sie trug ein mit Goldfäden besticktes schillernd rotes Kleid, das ihr bis zu den Knöcheln reichte. Ihre Füße steckten in paillettenbestickten Schuhen. Ihre Locken waren kunstvoll hochgesteckt.

Drinnen und draußen tanzten alle. Spät am Abend stellte die Hennadame zwei Stühle in die Mitte des Raumes. Das Brautpaar nahm nebeneinander Platz. Die Mutter der Braut verdeckte den Kopf ihrer Tochter mit einem rotgolden glitzernden Tuch. Mit der Hennazeremonie nahm die Braut Abschied von ihrer Familie und ihren Freunden. Alle Frauen standen auf, schlugen im Takt auf ihre Tamburine und sangen melancholische Abschiedslieder. Die Hennadame schmückte Hände und Füße von Braut und Bräutigam mit Henna, während die Braut hörbar weinte.

Am nächsten Tag begleiteten wir die Braut unter fröhlichen Liedern in das Dorf des Bräutigams. Das Haus für sie war festlich geschmückt. Auf dem Dach wehte eine türkische Fahne. Alle Gäste versammelten sich auf dem Dorfplatz. Der Bräutigam hatte einen schwarzen Anzug an und wartete dort. Der Brautvater band ein rotes Band um die Taille seiner Tochter und ihre Mutter befestigte ein besticktes rotes Tuch über ihrem weißen Schleier. Sie führten sie langsam zum Dorfplatz. Der Imam und ein Standesbeamter führten die Trauung durch. Erst danach lüftete der Bräutigam den Schleier seiner Braut. Trommler und Bläser spielten und das Brautpaar tanzte mit den Gästen *Halay*, eine Art Sirtaki. Alle wedelten mit ihren bunten Tüchern und stießen Freudenschreie aus. Es wurde fröhlich und laut. Einige der Gäste führten mit klappernden Holzlöffeln die traditionellen Tänze aus ihren Dörfern vor. Bei der Geschenkzeremonie steckten wir die Geldscheine mit Nadeln an den Kleidern des Brautpaars fest.

Für das Festessen hatte der Vater des Bräutigams Lämmer schlachten lassen. Die Lämmer wurden aufgespießt, mit einer dicken Joghurtpaste bestrichen und über einer Auffangschale in die hochgeheizte Backgrube eingehängt, die anschließend abgedichtet wurde. Als sie das Fleisch viele Stunden später herausholten, duftete es atemberaubend würzig und schimmerte rot. Es schmeckte so zart, dass es förmlich auf der Zunge zerging.

Lammkeule im Römertopf
Fırında Kuzu Budu

ZUTATEN FÜR 4–6 PERSONEN

FÜR DIE MARINADE

2	Zwiebeln, fein gerieben
2–3	Knoblauchzehen, gewürfelt und zerstoßen
1 TL	frisch geriebener Ingwer
2 EL	Zitronensaft
150 g	fester Naturjoghurt (3,5 % Fettgehalt)
je ½ TL	gemahlener Kreuzkümmel und Koriander
je 1 TL	edelsüßes Paprikapulver und Safranfäden

FÜR DAS FLEISCH

1 Lammkeule am Knochen (mind. 1,2 kg)
2 Zwiebeln, geviertelt
1 Stange Lauch, in Ringe geschnitten
2 Karotten, in Scheiben geschnitten
¼ Sellerieknolle, geschält und gewürfelt
1 kleine Petersilienwurzel, geschält und gewürfelt
1 Lorbeerblatt
4 Nelken
½ Zimtstange
4 Zweige Thymian
2 Zweige Rosmarin
Salz, frisch gemahlener Pfeffer
1 großer Römertopf

ZUBEREITUNG

- Für die Marinade die fein geriebenen Zwiebeln durch ein Musselintuch pressen und den Saft in einer großen Schale auffangen. Zwiebelpüree nicht weiter verwenden. Die restlichen Zutaten für die Marinade in die Schale geben und gut vermischen.
- Lammkeule in eine große Schüssel mit Deckel setzen und mit der Marinade begießen. Die Lammkeule sollte rundum mit der Marinade bestrichen sein. Den Deckel aufsetzen und die Lammkeule im Kühlschrank mind. 2 Std. (am besten über Nacht) marinieren lassen.
- Einen Römertopf 30 Min. wässern.
- Lammkeule aus der Marinade nehmen und in den Römertopf setzen. Das Gemüse rund um die Lammkeule verteilen. Gewürze und Kräuter zufügen. Salzen und Pfeffern.
- Römertopf mit Deckel verschließen und in den kalten Backofen auf die untere Schiene schieben. Bei 220 °C (Umluft 200 °C) etwa 2 Std. garen. Nach 1½ Std. eine Garprobe machen.
- Lammkeule aus dem Römertopf heben und im ausgeschalteten Backofen warm stellen.
- Für die Sauce den Bratenfond durch ein feines Sieb abseihen. Das Gemüse wegwerfen. Den Bratenfond in einem kleinen Topf bei starker Hitze auf die Hälfte einkochen lassen. Mit Salz und Pfeffer abschmecken. Die Lammkeule zusammen mit der Sauce servieren.

Bulgurklößchen-Suppe

Sulu Köfte Çorbası

ZUTATEN FÜR 4 PERSONEN

FÜR DIE KLÖSSCHEN

200 g	feiner Bulgur (*Köftelik Bulgur*)
1	Ei
6 EL	Mehl
1 TL	Tomatenmark (*Domates Salçası*)
je ½ TL	getrockneter Thymian und edelsüßes Paprikapulver
	Salz, frisch gemahlener Pfeffer

AUSSERDEM

300 g	Naturjoghurt
1	Ei
1 EL	Mehl
1 EL	Butter
je ½ TL	getrockneter Thymian, getrocknete Minze und edelsüßes Paprikapulver

ZUBEREITUNG

- Für die Klößchen Bulgur in eine Schüssel geben, mit 200 ml warmem Wasser übergießen und 10 Min. quellen lassen. Danach überschüssiges Wasser weggießen. Ei, 4 EL Mehl, Tomatenmark, Thymian, Paprikapulver, Salz und Pfeffer hinzugeben. Das Ganze gut durchkneten, bis eine glatte und geschmeidige Masse entstanden ist.
- Restliches Mehl in eine flache, große Schale streuen. Aus dem Bulgurteig mit feuchten Händen haselnussgroße Klößchen formen und diese in die bemehlte Schale geben. Wenn alle Klößchen fertig geformt sind, die Schale leicht hin und her bewegen, so dass die Klößchen rundum bemehlt sind.
- In einem Suppentopf 1 l Wasser und 1 TL Salz zum Kochen bringen. Die Klößchen behutsam hineingeben und vorsichtig umrühren, damit sie nicht am Topfboden kleben bleiben. Einmal aufkochen, anschließend die Bulgurklößchen bei mittlerer Hitze 20 Min. köcheln lassen.
- In einer Schüssel Joghurt, Ei und Mehl mit einem Schneebesen gründlich verrühren.
- Suppe zum Kochen bringen. Die Joghurtmischung unter ständigem Rühren langsam hineingießen und aufkochen lassen. Suppe bei geringer Hitze weitere 20 Min. kochen, bis die Bulgurklößchen weich sind.
- Butter in einer kleinen Pfanne schmelzen lassen. Thymian und Minze in einem Mörser leicht zerreiben und gemeinsam mit dem Paprikapulver zur Butter geben. Kurz aufschäumen lassen und sofort vom Herd nehmen. Die Suppe auf Teller verteilen und jeweils mit etwas aromatisierter Butter garnieren.

Bohnenragout
Kuru Fasülye

ZUTATEN FÜR 4–6 PERSONEN

400 g	getrocknete, weiße Bohnen, über Nacht eingeweicht
1	kleines Lorbeerblatt
4	Nelken
½	Zimtstange
3 EL	extra natives Olivenöl
2–3	Zwiebeln, fein gewürfelt
500 g	Lammrippchen oder Nackenstücke oder 250 g Lammfleisch aus der Keule, gewürfelt
1–2 EL	Tomatenmark (*Domates Salçası*)
1 TL	Paprikamark (*Biber Salçası*)
3	Tomaten, geschält und fein gewürfelt
¼ TL	rosenscharfes Paprikapulver
	Salz, frisch gemahlener Pfeffer

ZUBEREITUNG

- Bohnen gemeinsam mit Lorbeerblatt, Nelken und Zimtstange in einen Topf geben. 2 l Wasser angießen und zum Kochen bringen. Die Bohnen bei mittlerer Hitze in etwa 10 Min. bissfest kochen. Dann abseihen und die Gewürze entfernen.
- Olivenöl in einem großen Topf erhitzen. Zwiebeln darin etwa 2 Min. glasig dünsten. Fleisch zugeben und etwa 5 Min. scharf anbraten.
- Tomaten- sowie Paprikamark, Tomaten und Bohnen hinzufügen, weitere 5 Min. dünsten. Paprikapulver dazugeben. 2 l warmes Wasser angießen und zum Kochen bringen. Das Ragout bei mittlerer Hitze etwa 40 Min. garen. Nach 30 Min. eine Garprobe machen. Sobald die Bohnen weich sind, salzen, pfeffern und fertig garen.

TIPP

Dieses Gericht schmeckt auch ohne Fleisch sehr gut.

Einfache Bulgurpfanne
Tereyağlı Bulgur Pilavı

ZUTATEN FÜR 4 PERSONEN

2 EL Butter
1 Zwiebel, fein gewürfelt
1 türkische milde Peperonischote, fein gewürfelt
200 g grober Bulgur
2 Tomaten, geschält und fein gewürfelt
Salz, frisch gemahlener Pfeffer

ZUBEREITUNG

- Die Butter in einer großen tiefen Pfanne erhitzen. Zwiebel darin glasig dünsten. Peperoni unterrühren. Bulgur hinzugeben und bei mittlerer Hitze etwa 5 Min. anschwitzen.
- Tomaten unterheben, Topfdeckel aufsetzen und das Ganze unter gelegentlichem Rühren etwa 10 Min. schmoren lassen. Mit 400 ml warmem Wasser aufgießen, salzen, pfeffern und zum Kochen bringen. Bei geringer Hitze nochmals etwa 10–15 Min. garen.
- Sobald das Wasser verdampft ist, den Herd ausschalten und das Gericht bis zum Servieren auf der ausgeschalteten Herdplatte ruhen lassen.

Früchte-Kompott
Hoşaf

ZUTATEN FÜR 4 PERSONEN

300 g getrocknete Früchte (Aprikosen, Kirschen, Weintrauben, Äpfel, Birnen, Pflaumen, Zwetschgen)
150 g Zucker
750 ml Wasser
Saft von 1 Zitrone

ZUBEREITUNG

- Früchte nach Bedarf in mundgerechte Stücke schneiden.
- Alle Zutaten außer dem Zitronensaft in einen Topf geben und zum Kochen bringen. Bei geringer Hitze etwa 15 Min. köcheln lassen.
- Zitronensaft unterrühren und das Kompott vor dem Servieren vollständig abkühlen lassen.

Joghurtgetränk
Ayran

ZUTATEN FÜR 4 PERSONEN

500 g türkischer Naturjoghurt (3,5 % Fettgehalt)
750 ml Wasser
Salz
Minzblätter nach Belieben

ZUBEREITUNG

- Joghurt und Wasser in einem Rührgefäß mit einem Schneebesen verquirlen, bis sich der Joghurt aufgelöst hat. Nach Geschmack salzen.
- Ayran gut gekühlt und mit Minzblättern bestreut servieren.

Tekel
Birası

SOMMER

SOMMER

Der Sommer war stets die arbeitsintensivste Zeit bei meinen Großeltern. In wenigen Monaten musste alles für den langen Winter vorbereitet werden. Sobald die ersten Früchte reif wurden, begann Nene, Marmelade und Sirup zu kochen und Früchte einzumachen. Zuerst wurden die kleinen, dunkelroten und leicht säuerlichen Wildkirschen am Bach reif, aus denen Nene fein püriertes Fruchtmus machte. In reichlich Wasser aufgelöst, konnte man dieses Mus auch als köstliches Kirschsaftgetränk genießen. Sie gab uns immer eine großzügige Portion vom weich gekochten Wildkirschmus mitsamt Kernen, bevor sie es weiterverarbeitete. Es war noch lauwarm und schmeckte süßsauer. Die Kirschkerne spuckten wir in den Bach. Danach sahen wir schön blau aus - Wangen, Mund, Lippen, Zunge und die Hände natürlich. So naschten wir Früchte und Fruchtmus von Juni bis spät in den August: gelbe und rote Süßkirschen, Sauerkirschen, Aprikosen, Pfirsiche und Nektarinen.

Viele der entkernten Früchte trugen meine Schwester und ich auf das flache Dach von Brothaus und Scheune und verteilten sie auf den dort ausgelegten Tüchern zum Trocknen. Zur Hochsaison war das Dach von Früchten in allen Farben bedeckt; es sah aus wie ein Flickenteppich: zartgelb, rot, orange, violett und dunkelbraun. Wir bewegten die Früchte mit unseren Handflächen, damit sie von allen Seiten getrocknet wurden. Die angetrockneten Früchte piekten uns dabei sanft.

Meine Schwester und ich liebten den späten August, wenn unsere Nene Tomatenmark herstellte. Nach so viel süßem Obst sehnten wir uns nach etwas Herzhaftem. Dafür wurde die Feuerstelle im vorderen Garten benutzt, weil sie näher am Brunnen war. In einem riesigen Kessel köchelten kistenweise vollreife Tomaten. Die Luft war durchtränkt von frischem Tomatenduft. Wir kamen nicht an den Kessel heran, weil Nene ununterbrochen mit einem langstieligen Holzlöffel umrührte, damit das Tomatenmark nicht am Boden ansetzte. Es blubberte leise und geheimnisvoll. Meine Schwester und ich versteckten uns hinter dem Kirschbaum und warteten geduldig, bis Nene einmal von der Feuerstelle wegmusste. Dann stürmten wir mit unseren Löffeln zum Topf, naschten in Windeseile und waren im Nu wieder hinter dem Baum verschwunden. Dieser rote, leicht gesalzene und heiße Traum war es wert, sich Finger und Zunge zu verbrennen.

An diesen Tagen kochte Nene auch frische Tomatensuppe. Sie wurde mit etwas Zucker gewürzt, dadurch schmeckte die Suppe leicht süßlich und mild. Nene röstete grob zerbröselte, knusprige *Yufka* in reichlich Butter und rührte das Ganze unter die Suppe. Für uns war der fein geriebene Käse, der zum Schluss darübergestreut wurde, die Krönung, er zerlief so schön und war herrlich cremig.

Brotsuppe

Ekmekli Domates Çorbası

ZUTATEN FÜR 4 PERSONEN

4 EL	extra natives Olivenöl
2	Zwiebeln, fein gewürfelt
1 kg	vollreife Tomaten, geschält und gewürfelt
1 EL	Tomatenmark (*Domates Salçası*)
½ TL	edelsüßes Paprikapulver
1 l	Brühe oder Wasser
1 TL	Zucker
1 TL	Salz
	frisch gemahlener Pfeffer
100 g	milder Käse (*Kaşar Peyniri*), fein gerieben

FÜR DAS BROT

3 EL	Butter
100 g	Yufka, Fladen oder Pide, gewürfelt

ZUBEREITUNG

- Olivenöl in einem hohen Topf erhitzen. Zwiebeln darin etwa 5 Min. glasig dünsten. Tomatenwürfel hinzufügen und bei mittlerer Hitze etwa 10 Min. schmoren lassen.
- Tomatenmark und Paprikapulver unterheben. Mit Brühe oder Wasser aufgießen und zum Kochen bringen. Zucker, Salz und Pfeffer unterrühren. Das Ganze bei mittlerer Hitze 15–20 Min. köcheln lassen.
- Die Suppe durch ein feines Sieb streichen oder in einer Küchenmaschine pürieren. Danach noch einmal aufkochen lassen.
- Butter in einer Pfanne zerlassen. Yufka, Fladen oder Pide unter häufigem Wenden darin knusprig rösten. Auf Suppenschalen verteilen. Mit heißer Suppe übergießen, jeweils mit etwas Käse bestreuen und servieren.

TIPP

Die Suppe schmeckt auch ohne geröstete Yufka sehr gut.

Sommergemüse im Römertopf
Güveçte Yaz Türlüsü

ZUTATEN FÜR 4–6 PERSONEN

2 EL	extra natives Olivenöl
300 g	Lammfleisch aus der Keule, gewürfelt
2 Zweige	Rosmarin
2	Knoblauchzehen, fein gewürfelt
2–3	Zwiebeln, fein gewürfelt
2–3	türkische milde Peperonischoten, fein gewürfelt
2	Auberginen, geschält und grob gewürfelt
2	Zucchini, grob gewürfelt
200 g	Buschbohnen oder andere grüne Bohnen, geputzt und halbiert
500 g	Tomaten, geschält und gewürfelt
½ Bund	Thymian
2–4 Zweige	Oregano
	Salz, frisch gemahlener Pfeffer
½ Bund	glatte Petersilie, fein gehackt

ZUBEREITUNG

- Einen Römertopf etwa 30 Min. wässern.
- 1 EL Olivenöl auf dem Römertopfboden verteilen. Die Zutaten in folgender Reihenfolge in den Römertopf schichten: Lammfleisch, Rosmarinzweige, Knoblauchzehen, Zwiebeln, Peperonischoten, Auberginen, Zucchini, Bohnen, Tomaten, Thymian und Oregano. Restliches Olivenöl darüberträufeln, salzen und pfeffern.
- Römertopf verschließen, auf der unteren Schiene in den kalten Backofen schieben, 220 °C (Umluft 200 °C) einstellen und das Ganze 1 ¼ Std. garen.
- Kräuterzweige entfernen. Alles mit Petersilie bestreuen und servieren.

TIPP

Dieses Gericht schmeckt auch ohne Fleisch sehr gut.

Gemüse im Pergamentpapier
Kağıtta Sebze

ZUTATEN FÜR 4 PERSONEN

4–5	Kartoffeln, geschält, halbiert und in Scheiben geschnitten
2	Zucchini, längs halbiert und in Scheiben geschnitten
3	Karotten, in Scheiben geschnitten
100 g	Erbsen, frisch oder gefroren
je ¼ TL	getrockneter Thymian, Oregano und getrocknetes Basilikum
je ¼ TL	gemahlener Sumach und rosenscharfes Paprikapulver
4 EL	Olivenöl
	Salz, frisch gemahlener Pfeffer

ZUBEREITUNG

- Backofen auf 220 °C (Umluft 200 °C) vorheizen. Gemüse in eine große Schüssel geben. Gewürze hinzufügen, salzen, pfeffern und mit Olivenöl begießen. Alles gut durchmischen.
- Pergamentpapier zweieinhalb Mal so lang wie ein Backblech zuschneiden und in der Mitte einmal falten. Auf das Backblech legen und aufklappen. Das Gemüse daraufgeben und so verteilen, dass an den Längsseiten jeweils 3 cm frei bleiben. Das Gemüse mit dem aufgeklappten Pergamentpapier bedecken und das Papier an den offenen Seiten jeweils zweimal nach innen falten.
- Auf der mittleren Schiene des Backofens etwa 30 Min. garen. Vorsicht beim Öffnen des Pergamentpapiers, der austretende Dampf ist sehr heiß!

Zwieback-Pudding-Dessert
Muhallebili Tatlı

ZUTATEN FÜR 6 PERSONEN

6 Scheiben Zwieback

FÜR DEN SIRUP

300 ml Wasser
100 g Zucker
Saft von ½ Zitrone

FÜR DEN PUDDING

50 g Reismehl
50 g Speisestärke
1 l Milch
5 EL Zucker
3 EL gehackte Mandeln, Nüsse oder Kokosraspeln zum Garnieren
eine rechteckige Auflaufform von ca. 17 x 26 cm

ZUBEREITUNG

- Für den Sirup Wasser mitsamt Zucker in einem hohen Topf zum Kochen bringen. Zitronensaft dazugeben und das Ganze etwa 5 Min. köcheln lassen. Dann beiseitestellen und abkühlen lassen.
- Für den Pudding Reismehl und Speisestärke in einer Schale mischen. Mit etwa 200 ml Milch verrühren. Die restliche Milch in einem tiefen Topf zum Kochen bringen. Zucker dazugeben. Sobald die Milch kocht, Reismehl-Speisestärke-Mischung unter ständigem Rühren hineingießen und die Milch aufkochen lassen. Bei geringer Hitze unter häufigem Rühren etwa 20 Min. köcheln lassen.
- Zwiebackscheiben nacheinander in den lauwarmen Sirup eintauchen. In eine Auflaufform schichten und Puddingmasse darüber gießen. Die Oberfläche glatt streichen, den Pudding mit Klarsichtfolie abdecken und im Kühlschrank mind. 1 Std. abkühlen lassen. Mit gehackten Mandeln, Nüssen oder Kokosraspeln garniert servieren.

HERBST

HERBST

Wir machten regelmäßig einen Tagesausflug zu meinen Teyzes (Tanten) und Cousinen, die 5 km von uns entfernt wohnten. Es gab keinen direkten *Dolmuş* (Sammeltaxi) dorthin. Aber Nene kannte eine Abkürzung, deshalb gingen wir zu Fuß. Unterwegs naschten wir Brombeeren und Himbeeren von den Hecken. Die Luft war trocken und warm. An einer Stelle liefen zwei Bachläufe zusammen und bildeten einen flachen See von etwa 10 Metern Breite. Dort machten wir Pause. Wir badeten unsere Füße im kalten Wasser und erfrischten uns. Manchmal saßen wir unter einer großen Hängeweide und beobachteten, wie Männer mit ihrem Auto, Dolmuş oder Motorrad in den Bach hineinfuhren, um diese abzukühlen.

Das Haus meiner mittleren Teyze leuchtete schon von Weitem, es war immer frisch gestrichen und hatte eine hellblaue Terrasse. Meine Cousinen und ich durften kleine Okraschoten mit einer Nadel wie Perlen auf Fäden ziehen. Die aufgezogenen Fäden verbanden wir mit kleinen Schleifchen und hingen sie in Bögen von einer Wand zur anderen. Es sah sehr schön aus: grüne Okraschoten mit roten, gelben und blauen Schleifchen dazwischen. Wenn die Sonne auf die Terrasse schien, warfen die bunten Okra-Girlanden hübsche Schatten auf die hellblau gestrichenen Terrassenwände. An den Haken am Ende der Girlanden hingen Zöpfe mit Knoblauch und Zwiebeln, die bei einem Windhauch ihren Duft verströmten. Auf den Terrassen der Nachbarn hingen Bänder mit roten Chilis und Paprikaschoten oder ausgehöhlten Auberginen und Zucchini. Meine beiden anderen Teyzes kamen mitsamt ihren Kindern auch dazu.

Wir Kinder liefen zu meinem Onkel, um ihn zum Essen zu rufen. Er betrieb an der Kreuzung neben dem Kaffeehaus einen kleinen Laden. Die Männer hatten sich alle aus der Mittagssonne in den großen Kaffeeraum verzogen, der mit Ventilatoren ausgestattet war. Man hörte nur das Rattern der Ventilatoren, das Klappern von Backgammonsteinen und das Klirren von Teegläsern. Der Laden bestand aus einem kleinen, vollgestopften Raum: Säcke voller Hülsenfrüchte, Kübel mit Oliven und Fetakäse, Olivenöl, Reis, Tee, Mokka, Gewürze und Süßigkeiten standen dicht an dicht. Es roch nach

einer Mischung aus Oliven, starkem Kreuzkümmel, Staub und Zigarettenrauch. Wenn mein Onkel uns sah, lachten seine Augen, er hatte immer eine Zigarette zwischen den Lippen und eine Schirmmütze auf dem Kopf. Er nahm uns in die Arme und überlegte, wie viel wir seit unserem letzten Besuch gewachsen waren. Dann durften wir uns einen Nachtisch auswählen: bunte Lollies, Waffeln oder auch Schokoküsse mit Kokosnuss.

Meine Teyze deckte auf der Terrasse. Es duftete nach Okraeintopf, gebratenen Gemüsescheiben und frischem Salat mit viel Minze. Ihr Okraeintopf war ein Gedicht. Die Okras waren bißfest, in der Mitte cremig weich und zergingen auf der Zunge.

Okraschoten im Tomatenbeet
Domatesli Bamya

ZUTATEN FÜR 4 PERSONEN

2 EL extra natives Olivenöl
500 g frische Okraschoten, Stiele keilförmig abgeschnitten
1 Zwiebel, fein gewürfelt
1 Knoblauchzehe, fein gewürfelt
2 Tomaten, geschält und gewürfelt
Salz, frisch gemahlener Pfeffer

ZUBEREITUNG

- Das Olivenöl in einer Pfanne erhitzen. Die Okraschoten von allen Seiten darin anbraten. Auf eine mit Küchenpapier ausgelegte Platte geben und abtropfen lassen.
- In derselben Pfanne Zwiebel und Knoblauch andünsten. Tomatenwürfel hinzufügen und etwa 5 Min. anbraten. Anschließend die Okraschoten hineingeben, salzen und pfeffern. Das Gemüse zugedeckt bei geringer Hitze im eigenen Saft 10–15 Min. schmoren lassen.

Okraragout
Etli Bamya

ZUTATEN FÜR 4 PERSONEN

2 EL extra natives Olivenöl
1 Zwiebel, fein gewürfelt
1 Knoblauchzehe, fein gewürfelt
250 g Lammfleisch aus der Keule, gewürfelt
1 türkische milde Peperonischote, fein gewürfelt
1 TL Tomatenmark (*Domates Salçası*)
500 g frische Okraschoten, Stiele keilförmig abgeschnitten
4 Tomaten, geschält und gewürfelt
Saft von 1 Zitrone
Salz, frisch gemahlener Pfeffer

ZUBEREITUNG

- Olivenöl in einem großen Topf erhitzen. Zwiebel und Knoblauch darin glasig dünsten.
- Lammfleisch hinzufügen und etwa 5 Min. anbraten. Peperonischote und Tomatenmark untermischen. Mit 500 ml warmem Wasser aufgießen und zum Kochen bringen. Deckel aufsetzen und das Ganze bei mittlerer Hitze etwa 30 Min. garen, dabei gelegentlich umrühren.
- Sobald das Fleisch weich ist, Okraschoten und Tomatenwürfel unterheben. Das Ragout mit Zitronensaft, Salz sowie Pfeffer würzen und bei geringer Hitze zugedeckt weitere 15 Min. köcheln lassen.

Mamas Spinatsuppe
Annemin Ispanak Çorbası

ZUTATEN FÜR 4 PERSONEN

ca. 300 g	frischer Spinat, am besten Winterspinat
2 EL	Butter
1	kleine Zwiebel, fein gewürfelt
1 TL	Tomatenmark (*Domates Salçası*)
4 EL	Langkornreis, gründlich gewaschen
1 TL	rosenscharfes Paprikapulver
	Salz, frisch gemahlener Pfeffer
200 g	Naturjoghurt zum Garnieren

ZUBEREITUNG

- Spinat waschen und die Blätter von den Stängeln trennen. Die Stängel in ca. 0,5 cm breite Ringe schneiden und in einer Schüssel aufheben. Die Blätter in feine Streifen schneiden und bis zur Weiterverarbeitung in einem anderen Gefäß aufbewahren.
- In einem Suppentopf Butter zerlassen. Zwiebel darin andünsten. Tomatenmark, Reis sowie Spinatstängel hinzugeben und 5 Min. anbraten.
- Paprikapulver unterheben und mit 1 l warmem Wasser aufgießen. Zum Kochen bringen, mit Salz und Pfeffer würzen. Die Suppe bei mittlerer Hitze etwa 10 Min. köcheln lassen, bis der Reis gar ist. Herd ausschalten. Spinatblätter hineingeben und die Suppe noch 5 Min. ziehen lassen.
- Suppe auf Teller verteilen und mit je 1 EL Joghurt garnieren.

Spinat mit Eiern
Yumurtalı Ispanak

ZUTATEN FÜR 4 PERSONEN

1 EL extra natives Olivenöl
1 Zwiebel, fein gewürfelt
500 g frischer Spinat, in Streifen geschnitten
½ TL rosenscharfes Paprikapulver
Salz, frisch gemahlener Pfeffer
4 Eier

ZUBEREITUNG

- Olivenöl in einer Pfanne erhitzen. Zwiebel darin andünsten. Spinat hinzufügen und kurz anschwitzen. Deckel aufsetzen und den Spinat bei mittlerer Hitze etwa 5 Min. dünsten.
- Spinat mit Paprikapulver würzen, salzen und pfeffern. Spinatmenge in Gedanken vierteln und die Eier nacheinander so in die Pfanne schlagen, dass auf jedem Viertel Spinat ein Ei sitzt. Eier leicht salzen und Deckel aufsetzen. Herd ausschalten und die Eier in etwa 10 Min. auf der warmen Herdplatte stocken lassen.
- Da man die Dotter nicht mehr sieht, vor dem Servieren mit einem Löffel vorsichtig das Eiweiß über dem Eidotter zur Seite schieben.

BROT UND BÖREK

BROT UND BÖREK

Hinter unserem Haus stand ein kleines Brothaus, das wie die Scheune aus Lehmziegeln gebaut und mit Lehm verputzt war. Ein kleines Fenster ließ etwas Licht hinein. Am hinteren Ende des einzigen Raumes, gegenüber der Eingangstür, dominierte eine hufeisenförmige, offene Feuerstelle mit Abzug. Über der Feuerstelle lag eine nach oben hin gewölbte Eisenpfanne, die wie ein umgedrehter, flacher Wok aussah (*Sac*). Der Lehmboden war mit einem großen alten Kelim und ein paar Sitzkissen ausgelegt. In der Ecke links von der Tür stand das gusseiserne große Gefäß mit dem feingemahlenen Weizen. An den Wänden hingen Teigschüsseln aus Kupfer, verschiedene Mehlsiebe mit Holzrahmen sowie große, runde Brotbackformen. Die Brotbretter waren ungefähr 5 cm dick, 50 x 120 cm groß und hatten an der schmalen Seite einen Griff zum Aufhängen. Darüber ruhten wie Samuraischwerter Nenes Oklavas – über einen Meter lange Nudelhölzer von etwa 15 mm Durchmesser. Nene breitete immer zuerst ein riesengroßes Baumwolltuch auf dem Boden aus. Dann nahm sie eine der Teigschüsseln und siebte das Mehl so behände hinein, dass feiner Mehlstaub in der Luft tanzte. Dann folgten die restlichen Teigzutaten. Nene saß auf einem Sitzkissen und knetete den Teig mit ihren Fäusten, bis kleine Bläschen platzten. Sie gönnte dem Teig eine Ruhepause, breitete ein zweites Baumwolltuch aus und nahm ihr Brotbrett, das sie halb über die Teigschüssel und halb auf ihren Schoß legte. Auf diesem formte sie kleine Teigkugeln, die sie wieder in die Teigschüssel gleiten ließ. Schon recht früh durfte ich am anderen Ende ihres Brotbrettes sitzen und meine Teigfladen ausrollen. Nene sah geduldig zu und korrigierte mich bei meinen ersten Versuchen, Yufka auszurollen. Dede machte Feuer in der Feuerstelle. Im Backhaus wurde es dann warm und der Raum füllte sich allmählich mit dem Duft von röstendem Mehl und Teig. Jedes Mal, wenn Dede in der Mulde schürte, prickelte die Hitze auf unseren Gesichtern.

Nene war beim Ausrollen so flink, dass Dede mit dem Backen nicht hinterherkam, dabei übernahm sie auch noch das Füllen der fertigen Fladen. Unsere *Sıkma* füllte sie mit Käse und legte noch winzige Stückchen Butter dazwischen, die beim Essen oft lauwarm auf unsere Handflächen lief und cremig schmeckte. Wenn meine Geschwister aus Deutschland kamen, gab sie irgendwann auf und füllte deren *Sıkma* mit Nutella.

Gefüllte dünne Fladen
Bazlama ve Sıkma

ZUTATEN FÜR 12 STÜCK

FÜR DEN TEIG

250 g	feines Weizenvollkornmehl
250 g	Mehl Type 405
½ Würfel	frische Hefe oder ½ Päckchen Trockenhefe
etwa 350 ml	lauwarmes Wasser
½ TL	Zucker
2 EL	extra natives Olivenöl
1 TL	Salz

FÜR DIE KÄSEFÜLLUNG SIEHE REZEPT AUF SEITE 146

FÜR DIE KARTOFFELFÜLLUNG

500 g	gekochte Kartoffeln, geschält und gewürfelt
2	hart gekochte Eier, geschält und gewürfelt
½ Bund	Frühlingszwiebeln, fein gewürfelt
½ Bund	glatte Petersilie, gehackt
½ TL	edelsüßes Paprikapulver
	Salz, frisch gemahlener Pfeffer
3 EL	extra natives Olivenöl

ZUBEREITUNG

- Für den Teig Mehle in eine große Schüssel mit Deckel sieben. In die Mitte eine Mulde drücken. Hefe, lauwarmes Wasser sowie Zucker in die Mulde geben und die Mischung verrühren. Deckel aufsetzen und den Vorteig etwa 10 Min. ruhen lassen.
- Restliche Teigzutaten an den Rand der Mulde geben und das Ganze von der Mitte aus verkneten. Den Teig gut durchschlagen, bis er Blasen wirft. Er sollte glatt, geschmeidig und fest sein. Deckel aufsetzen und den Teig etwa 20 Min. gehen lassen, bis sich sein Volumen sichtbar vergrößert hat.
- Für die Kartoffelfüllung Kartoffeln, Eier, Frühlingszwiebeln und Petersilie in einer Schüssel gut durchmischen. Mit Paprikapulver, Salz und Pfeffer würzen. Olivenöl gründlich untermengen.
- Arbeitsfläche mit Mehl bestäuben und aus dem Teig 12 gleich große Kugeln formen. Jede dieser Kugeln zu Kreisen von 15 cm Durchmesser ausrollen – etwa so groß wie Frühstücksteller. Die Teigplatten auf ausgebreitete Küchentücher legen.
- Eine schwere Pfanne (28 cm Durchmesser) ohne Fett stark erhitzen. Die Temperatur der Herdplatte auf mittlere Hitze reduzieren. Die Teigplatten nacheinander beidseitig 1–2 Min. backen. Auf Küchentüchern kurz ausdampfen lassen und dann übereinander stapeln.
- Auf jede gebackene Teigflade etwas Käse- oder Kartoffelfüllung geben. Die Füllung sollte auf dem oberen Ende quer in einer Linie liegen. Seitliche Teigränder etwa zwei Finger breit über der Füllung zusammenschlagen. Den Fladen vom oberen Ende beginnend wie eine Zigarre zusammenrollen. Mit den restlichen Teigfladen ebenso verfahren, bis alle gefüllt und gerollt sind. Warm servieren. Dazu schmeckt *Çay* (Tee) oder *Ayran* (Joghurtgetränk).

Teigtaschen mit Backpulverteig
Poğaça Böreği

ZUTATEN FÜR 20–22 STÜCK

FÜR DEN TEIG

1	Ei und 1 Eiweiß
100 g	Margarine oder Butter
150 g	Naturjoghurt
1 Päckchen	Backpulver
1 TL	Salz
ca. 500 g	Mehl Type 405
2 EL	neutrales Öl für die Arbeitsplatte

FÜR DIE KÄSEFÜLLUNG

250 g	Fetakäse, zerbröckelt
1 Bund	glatte Petersilie, gehackt
½ TL	edelsüßes Paprikapulver

FÜR DIE FLEISCHFÜLLUNG

2 EL	extra natives Olivenöl
2	Zwiebeln, fein gewürfelt
250 g	Hackfleisch (vorzugsweise Lamm und Rind gemischt)
½ Bund	glatte Petersilie, gehackt
½ TL	edelsüßes Paprikapulver
	Salz, frisch gemahlener Pfeffer

FÜR DIE SPINATFÜLLUNG

1 kg	frischer Spinat
250 g	Fetakäse, zerbröckelt
4 EL	extra natives Olivenöl
1 TL	edelsüßes Paprikapulver
	frisch gemahlener Pfeffer

ZUM BESTREICHEN

1	Eigelb
2 EL	Milch
je 1 EL	Sesamsamen und/oder Schwarzkümmelsamen zum Bestreuen

ZUBEREITUNG

- Für den Teig alle Zutaten bis auf das Mehl in einer großen Schüssel mit Deckel vermengen. So viel Mehl einarbeiten, bis ein geschmeidiger, doch nicht zu weicher Teig entsteht. Den Deckel aufsetzen und den Teig 10 Min. ruhen lassen.
- Für die Käsefüllung Fetakäse, Petersilie und Paprikapulver gut vermengen.
- Für die Fleischfüllung Olivenöl in einer Pfanne erhitzen. Zwiebeln darin glasig dünsten. Hackfleisch unterrühren und anbraten, bis der Fleischsaft fast verdampft ist. Pfanne vom Herd nehmen, Petersilie unterheben und die Masse mit Paprikapulver, Salz und Pfeffer würzen. Vor der Weiterverarbeitung abkühlen lassen.
- Für die Spinatfüllung den Spinat gründlich mit warmem Wasser waschen. Danach gut ausdrücken. Die dicken Enden der Spinatstängel entfernen und die Blätter in grobe Streifen schneiden. Spinat in eine große Schüssel geben. Restliche Zutaten für die Spinatfüllung zugeben und das Ganze gut durchmischen.
- Öl auf eine saubere Arbeitsplatte geben und verteilen. Aus dem Teig 20 bis 22 walnussgroße Kugeln formen. Teigkugeln mit den Fingern zu kleinen Kreisen von 10 cm Durchmesser formen (etwas kleiner als eine Kaffeeuntertasse). In die Mitte der Kreise jeweils 1–2 TL Füllung geben und auf einer Hälfte verteilen. Die andere Hälfte so über der Füllung zusammenklappen, dass die Ränder genau aufeinandertreffen und Halbkreise entstehen. Die Teigränder mit den Fingern gut andrücken. Teigtaschen auf ein mit Backpapier belegtes oder gut gefettetes Backblech setzen.
- Eigelb mit Milch verquirlen, Teigtaschen damit bestreichen und mit Sesam- und Schwarzkümmelsamen bestreuen.
- Teigtaschen im vorgeheizten Backofen auf mittlerer Schiene bei 220 °C (Umluft 200 °C) in etwa 15–20 Min. goldbraun backen.

Spinatpastete mit Yufka
Fırında Ispanaklı Yufka Böreği

ZUTATEN FÜR 16–20 STÜCK

FÜR DEN TEIG

500 g	Mehl
2 EL	extra natives Olivenöl
1 TL	Salz
etwa 300 ml	lauwarmes Wasser

FÜR DIE SPINATFÜLLUNG SIEHE REZEPT AUF SEITE 146

ZUM BESTREICHEN

300 g	Naturjoghurt
2	Eier
2 EL	extra natives Olivenöl

ZUBEREITUNG

- Für den Teig Mehl in eine große Schüssel mit Deckel sieben. Restliche Teigzutaten dazugeben und von der Mitte aus mit dem Mehl verkneten. Den Teig gut durchschlagen, bis er Blasen wirft. Bei Bedarf noch etwas warmes Wasser hinzugeben. Der Teig sollte glatt und geschmeidig sein. Den Deckel aufsetzen und den Teig ca. 20 Min. ruhen lassen.
- Spinatfüllung gemäß Rezept auf Seite 146 herstellen. Joghurt, Eier und Olivenöl in einer Schüssel gründlich verquirlen.
- Ein tiefes (etwa 3 cm) Backblech einfetten.
- Aus dem Teig 10 gleich große Kugeln formen und diese mit einem feuchten Tuch oder mit Frischhaltefolie abdecken. Eine Arbeitsfläche mit Mehl bestäuben und die Teigkugeln jeweils in Größe des Backblechs ausrollen. Erste Teigplatte auf das Backblech legen und dünn mit Joghurt-Ei-Mischung bestreichen. Darauf die zweite Teigplatte legen und ebenfalls mit Joghurt-Ei-Mischung bestreichen. Auf der dritten Teigplatte die Hälfte der Füllung verteilen. Füllung mit der vierten Teigplatte bedecken und die Teigplatte mit Joghurt-Ei-Mischung bestreichen. Fünfte Platte darauflegen und mit Joghurt-Ei-Mischung bestreichen. Restliche Füllung auf der sechsten Teigplatte verteilen. Die letzten vier Teigplatten jeweils nur mit der Joghurt-Ei-Mischung bestreichen.
- Pastete in Quadrate teilen, dabei nicht ganz durchschneiden, sonst wird sie innen trocken.
- Im vorgeheizten Backofen auf der mittleren Schiene bei 220 °C (Umluft 200 °C) in etwa 30 Min. goldbraun backen. Kurz abkühlen lassen. Noch warm aufschneiden und sofort servieren.

TIPP

Diese Pastete können Sie auch mit Yufka-Blättern aus dem türkischen Feinkostladen zubereiten. Sie benötigen etwa 600 g küchenfertige Yufka-Blätter.

Einfache Pastete
Kolay Börek

ZUTATEN FÜR 4–6 PERSONEN

FÜR DEN TEIG SIEHE REZEPT AUF SEITE 152

Mehl zum Ausrollen

FÜR DIE FLEISCH-GEMÜSE-FÜLLUNG

2–3 EL	extra natives Olivenöl
2	Zwiebeln, fein gewürfelt
2	türkische milde Peperonischoten, fein gewürfelt
250 g	Lammhackfleisch
3	Kartoffeln, geschält und fein gewürfelt
je 1 TL	Tomatenmark (*Domates Salçası*) und Paprikamark (*Biber Salçası*)
je ½ TL	getrockneter Thymian, Oregano und getrocknetes Basilikum
1 TL	edelsüßes Paprikapulver
	Salz, frisch gemahlener Pfeffer

ZUM BESTREICHEN

1	Eigelb
2 EL	Milch

FÜR KÄSE- ODER SPINATFÜLLUNG SIEHE REZEPT AUF SEITE 146

ZUBEREITUNG

- Teig gemäß Rezept auf Seite 152 herstellen.
- Für die Fleisch-Gemüse-Füllung Olivenöl in einer Pfanne erhitzen. Die Zwiebeln und die Peperoni darin glasig dünsten. Hackfleisch zufügen und unter Rühren anbraten, bis der Fleischsaft fast verdampft ist. Kartoffeln unterrühren und unter häufigem Wenden bei mittlerer Hitze in etwa 10 Min. fast weich garen. Mit Tomaten- sowie Paprikamark, Thymian, Oregano, Basilikum, Paprikapulver, Salz und Pfeffer würzen. Die Füllung abkühlen lassen.
- Eigelb und Milch in einer Schale verquirlen. Ein Backblech einfetten.
- Eine Arbeitsfläche mit Mehl bestäuben. Teig halbieren und die Hälften zu Kugeln formen. Jede Teigkugel in der Größe des Backblechs ausrollen. Eine Teigplatte auf das Blech legen und die Ränder hochdrücken. Die gewünschte Füllung gleichmäßig darauf verteilen und mit der zweiten Teigplatte abdecken. Die Ränder gut andrücken. Mit Ei-Milch-Mischung bestreichen und etwa 20 Min. gehen lassen, bis sich das Teigvolumen sichtbar vergrößert hat.
- Die Pastete im vorgeheizten Backofen auf mittlerer Schiene bei 230 °C (Umluft 210 °C) in etwa 30 Min. goldbraun backen. Erst kurz vor dem Servieren in Quadrate schneiden.

Türkisches Fladenbrot
Pide

ZUTATEN FÜR 2 BROTE

GRUNDREZEPT FÜR DEN PIDE-TEIG

500 g	Mehl
1 Würfel	frische Hefe oder 1 Päckchen Trockenhefe
etwa 200 ml	lauwarmes Wasser
½ TL	Zucker
150 g	Naturjoghurt
1	Eiweiß
2 EL	extra natives Olivenöl
1 TL	Salz

ZUM BESTREICHEN

1	Eigelb
2 EL	Milch

AUSSERDEM

je 1 EL	Sesamsamen und Schwarzkümmelsamen zum Bestreuen

ZUBEREITUNG

- Für den Teig Mehl in eine große Schüssel mit Deckel sieben. In die Mitte eine Mulde drücken. Hefe, warmes Wasser sowie Zucker in die Mulde geben und verrühren. Den Deckel aufsetzen und den Vorteig ca. 10 Min. ruhen lassen.
- Die restlichen Zutaten an den Rand der Mulde geben und von der Mitte aus mit dem Mehl verkneten. Teig gut durchschlagen, bis er Blasen wirft. Eventuell noch etwas warmes Wasser zugeben. Der Teig sollte glatt und weich sein. Deckel aufsetzen und den Teig mind. 20 Min. an einem warmen Ort gehen lassen, bis sich sein Volumen verdoppelt hat. Ein Blech mit Backpapier belegen.
- Aus dem Teig mit feuchten Händen Fladen in gewünschter Größe formen, diese auf das Blech legen und weitere 15 Min. gehen lassen, bis sich ihr Volumen sichtbar vergrößert hat.
- Eigelb mit der Milch verquirlen, die gegangenen Fladen damit bestreichen und mit Sesam- und Schwarzkümmelsamen bestreuen.
- Die Fladen im vorgeheizten Backofen auf mittlerer Schiene bei 220 °C (Umluft 200 °C) in etwa 20 Min. goldbraun backen.

WINTER

WINTER

Im Winter war unser Haus einfach zu groß, um überall heizen zu können. Also zogen wir uns in das größte Zimmer zurück. Dort wurde der rechteckige eiserne Ofen mit Backofen aufgebaut. Auf dem Ofen stand immer ein großer Eisenkrug mit Wasser fürs Spülen, Waschen und Baden. Eine Teekanne mit Wasser war ebenfalls jederzeit griffbereit. In diesem Zimmer kochte und buk Nene von Spätherbst bis Frühjahr. Es duftete immer köstlich.

Wir legten Maroni in den Ofen und lauschten gespannt auf das Knistern und Knacken, das uns verriet, dass wir sie herausnehmen durften. Als typisches Naschwerk für einen Winterabend kochte Nene Weizenkörner, die sie mit Salz und manchmal mit gerösteten, duftenden Mohnsamen oder Sesamsaat bestreute. Oder wir genossen die vielen Haselnüsse und Walnüsse, die wir gesammelt hatten. Manchmal besuchte uns die Schwester meiner Nene, die am Mittelmeer wohnte. Sie brachte Orangen, Zitronen, Mandarinen, Granatäpfel und Mandeln mit. Diese Früchte wuchsen nicht bei uns.

Die langen Winterabende füllten unsere Großeltern mit Märchen und Geschichten, die von Schattenspielen untermalt wurden. Dede dämpfte das Licht der Öllampe ein wenig und fing an zu erzählen. Er veränderte seine Stimme, wenn es erforderlich war und zauberte mit seinen Armen und Händen Schattenlandschaften und Tiere an die Wände, die durch das Flimmern der Öllampe zu Leben erwachten, sich bewegten, groß und größer wurden. Er gab sich große Mühe, die Stimmen der Schattenfiguren Hacivat und Karagöz nachzuahmen. Wir saßen auf Nenes Schoß und kugelten uns vor Lachen. Dede erzählte auch viel von den Abenteuern von Nasreddin Hoca und von unserem Lieblingshelden, dem »Keloğlan«. Er hieß so, weil er keine Haare auf dem Kopf hatte. Durch seine Herzensgüte, Freundlichkeit, Großzügigkeit, Hilfsbereitschaft, Loyalität und Klugheit bewältigte er viele Abenteuer. In einem Märchen bekam er eine magische Sofra von einem Weisen geschenkt (das türkische Tischleindeckdich). Zur großen Freude unserer Großeltern versuchten wir zu erraten, was alles auf dem Tisch war.

Spätestens dann stand Nene auf und machte uns Kıllamböreği (Teigtaschen aus Yufka). Hierfür nahm sie fertige Yufka-Blätter - die sie im Herbst für den Winter gebacken hatte - und befeuchtete diese mit etwas Wasser. Wenn sie weich genug waren, wurden sie mit reifem Käse gefüllt und zu Rechtecken gefaltet. Die Teigtaschen schob Nene zum Rösten in den Backofen. Nene bestrich die fertig gebackenen Teigtaschen mit Butter und reichte sie uns. Dazu gab es gesüßten Tee.

Einfache Teigtaschen
Kıllam Böreği

ZUTATEN FÜR 4 PERSONEN

300 g	*Tulum Peyniri* (vom türkischen Feinkostladen) oder Fetakäse
½ Bund	glatte Petersilie, fein gehackt
4	küchenfertige ganze Yufka-Blätter vom türkischen Feinkostladen
1 EL	Butter

ZUBEREITUNG

- Für die Füllung Käse kleinschneiden und mit der Petersilie vermischen.
- Backofen auf 220 °C (Umluft 200 °C) vorheizen. Backblech mit Backpapier belegen.
- Yufka-Blätter auf einer Arbeitsplatte ausbreiten. Die langen Seiten eines Blattes zu einem Drittel zur Mitte hin falten, so dass die Ränder aufeinandertreffen und ein langes Rechteck entsteht. In das mittlere Drittel ein Viertel der Füllung geben und gleichmäßig verteilen. Die beiden anderen Teig-Drittel über die Füllung klappen, so dass ein abgeschlossenes Rechteck entsteht. Die anderen Yufka-Blätter ebenso füllen.
- Die gefüllten Teigtaschen auf das Backblech legen und auf der mittleren Schiene in etwa 20 Min. knusprig goldbraun backen. Noch heiß mit Butter bestreichen und zusammen mit Tee servieren.

TIPP

Sie können die Teigtaschen auch vor dem Backen mit Ei-Milch-Mischung bestreichen und auf die Butter nach dem Backen verzichten.

Bulgur-Kartoffel-Bratlinge
Bulgurlu Patates Köftesi

ZUTATEN FÜR 8–10 STÜCK

50 g	feiner Bulgur
1 EL	extra natives Olivenöl
1 Bund	Frühlingszwiebeln, fein gewürfelt
300 g	gekochte Kartoffeln, geschält und durch die Kartoffelpresse gedrückt
½ TL	getrockneter Thymian
	Salz, frisch gemahlener Pfeffer
	Olivenöl zum Anbraten

ZUBEREITUNG

- Bulgur in eine Schüssel geben, mit etwa 100 ml Wasser übergießen und 10 Min. quellen lassen.
- Olivenöl in einer kleinen Pfanne erhitzen. Frühlingszwiebeln darin kurz andünsten und zur Seite stellen. Das Kartoffelpüree in die Schüssel mit dem Bulgur geben. Frühlingszwiebeln unterrühren. Mit Thymian, Salz und Pfeffer würzen. Das Ganze zu einer glatten Masse verkneten.
- Aus dem Teig 8–10 Bratlinge formen. 2 EL Olivenöl in einer beschichteten Pfanne erhitzen. Die Bratlinge darin portionsweise auf beiden Seiten knusprig braten.

TIPP

Sie können die Bratlinge auch mit etwas Olivenöl bestreichen und im vorgeheizten Backofen auf mittlerer Schiene bei 220 °C (Umluft 200 °C) in etwa 20 Min. knusprig backen.

Bulgurpfanne mit grünen Linsen
Mercimekli Bulgur Pilav

ZUTATEN FÜR 4 PERSONEN

100 g grüne Linsen
4 EL Butter
250 g grober Bulgur
Salz

ZUBEREITUNG

- Linsen waschen, zusammen mit 500 ml Wasser in einen Topf geben und bei mittlerer Hitze etwa 10 Min. kochen. Die Linsen sollten etwas weicher als bissfest sein, aber noch ihre Form behalten haben.
- In einem Topf 1 EL Butter erhitzen. Linsen sowie Bulgur hinzugeben und umrühren. 500 ml warmes Wasser angießen, salzen und zum Kochen bringen. Deckel aufsetzen und das Ganze bei mittlerer Hitze etwa 10 Min. köcheln lassen.
- Herd ausschalten, sobald die Flüssigkeit verdampft ist. Bulgur noch 10 Min. auf der ausgeschalteten Herdplatte ruhen lassen.
- Den Pilav auf einer Servierplatte anrichten. Die restliche Butter in einem kleinen Topf aufschäumen lassen und löffelweise gleichmäßig darüber verteilen. Sofort servieren.

Süßes Allerlei

Aşure

ZUTATEN FÜR 4–6 PERSONEN

je 150 g	weiße, getrocknete Bohnen und getrocknete Kichererbsen; über Nacht eingeweicht
½	Zimtstange
5	Nelken
300 g	geschälter Weizen (*Aşurelik Buğday*), über Nacht eingeweicht
150 g	Langkornreis
300 g	grob zerteilte Nüsse (nach Belieben gemischt: Mandeln, Haselnüsse, Walnüsse, Cashewnüsse, Paranüsse)
300 g	getrocknete Früchte (nach Belieben gemischt: gewürfelte Feigen, Rosinen, Weintrauben, gewürfelte getrocknete Aprikosen oder Kirschen)
2 l	Milch
150 g	Zucker
je ½ TL	Zimtpulver, Nelkenpulver, Pimentpulver, Muskatpulver
	Zimtpulver zum Bestäuben

ZUBEREITUNG

- Weiße Bohnen, Kichererbsen, Zimtstange und Nelken in einen Topf geben. Mit 1 l Wasser auffüllen. Zum Kochen bringen und bei mittlerer Hitze etwa 30 Min. garen. Abseihen, Gewürze entfernen und abkühlen lassen. Weizenkörner abseihen.
- Alle Zutaten in einen großen Topf geben und langsam zum Kochen bringen. Anschließend bei mittlerer Hitze etwa 30 Min. garen.
- Die Süßspeise vollständig abkühlen lassen. Dann auf Dessertschalen verteilen, jeweils mit Zimtpulver bestäuben und servieren.

TIPP

Bohnen und Kichererbsen durch Quinoa und Hirse ersetzen. Im Übrigen wie oben beschrieben zubereiten.

KANAAT
19

DER FASTENMONAT RAMADAN UND DAS ZUCKERFEST

DER FASTENMONAT RAMADAN UND DAS ZUCKERFEST

Der Fastenmonat Ramadan war immer besonders schön für mich. Abends erzählte uns Dede viele Geschichten und wir sangen zusammen melancholische *İlahis* (türkische Gospellieder). Unsere Großeltern fasteten vom Morgengebet bis zum Abendgebet.

Im Morgengrauen, noch vor dem Morgengebet, lief jemand laut rufend und trommelnd durch die Straßen, um die Bewohner für das *Savur* (Morgenmahl) aufzuwecken. Wir sahen, wie nacheinander die Lichter in den Häusern aufleuchteten. Meine Großeltern schienen eine innere Uhr zu haben, denn bei uns in der Küche klapperte und dampfte es um diese Zeit bereits. Nene bereitete frische Teigtaschen mit Käse zu, die Dede in heißem Öl knusprig briet. Es zischte jedes Mal, wenn er die Teigtasche in das heiße Öl hineingleiten ließ. Wir aßen sie mit Schaumhelva oder Sesambrei und tranken dazu Bergtee. Die Schaumhelva sah aus wie dicke Sahne und zerlief honigsüß auf der Zunge.

Wenn die Sonne kurz vor dem *İftar* (Abendessen) unterging, liefen wir Kinder auf die Straße und horchten, ob der Muezzin schon zum Abendgebet rief. Sobald wir ihn vernahmen, eilten wir nach Hause, um unsere Großeltern und Gäste vom Fasten zu erlösen. Jeden Abend lud Nene jemanden ein: Freunde, Nachbarn, Verwandte, vor allem aber Bedürftige und Alleinstehende. Schließlich war es der Monat des Miteinander und Füreinander.

Einmal im Jahr, zum Zuckerfest, dem wichtigsten muslimischen Fest, traf sich die gesamte Familie. Am Morgen des Festes, das den Ramadan beendet, waren wir schon mit der Sonne auf. Nene hatte bereits ein Tablett mit Zitronen-Cologne, Rosenwasser, bunten Bonbons und Lokum bereitgestellt, um die Gäste später damit zu begrüßen. Dann bereitete sie noch ihre beliebte Helva frisch zu. Im ganzen Haus duftete es nach gerösteten Nüssen und in Butter schäumendem Grieß. Die noch warme Helva formte sie mit ihren flinken Händen zu walnussgroßen Kugeln, die sie auf einem schön verzierten Teller arrangierte und mit Nüssen und Rosenblüten bestreute.

Wir Kinder saßen festlich gekleidet auf den Stufen der Terrasse und warteten auf Dedes Rückkehr aus der Moschee. Denn erst, wenn die Männer vom Festtagsgebet zurückkamen, fing unser Fest an. Wie aus dem Nichts tauchte dann plötzlich ein rot-weiß gestreifter *Dolmuş* (Sammeltaxi) vor unserem Haus auf. Von der Terrasse aus konnten wir nicht richtig sehen, wer ausstieg. Der *Dolmuş* fuhr los und aus der sich verflüchtigenden Staubwolke tauchte unversehens Dede auf: groß, aufrechte Körperhaltung, in grauem Anzug und mit einer Schirmmütze. Er hatte müde, aber glückliche Augen. Wir liefen in seine offenen Arme und atmeten den Duft seines Zitronen-Colognes ein. In seinen Jackentaschen hatte er immer mit Zucker überzogene Nüsse für uns dabei.

Nach dem Frühstück nahmen wir Kinder unsere Täschchen und zogen los, um allen Nachbarn zum Fest zu gratulieren und Süßigkeiten zu sammeln. Die Menschen waren fröhlich und ausgelassen und begrüßten jeden herzlich. In Kürze würden auch unsere Verwandten aus allen Himmelsrichtungen eintreffen: aus Konya, Adana, Antalya, Mersin, Izmir und Istanbul. In den nächsten drei Tagen feierten wir ein großes Familienfest. Der mit Holz geheizte Samowar spendete den ganzen Tag heißen Tee. Im Salon wurde eine große Tafel mit allen Leckereien gedeckt, welche die Tanten um die Wette zubereitet und mitgebracht hatten: Baklava mit Nüssen, knusprige Kadayıf mit einem weichen Kern aus Pistazien und saftige Şekerpare, deren Sirup bei jedem Bissen an den Fingern herunterlief und der herrlich klebte. Und Dede würde vergnügt sagen: »Lasst uns süß essen und süß plaudern.«

Nuss-Schnitten

Baklava

ZUTATEN FÜR 10–12 PERSONEN

FÜR DEN SIRUP

750 g	Zucker
1 l	Wasser
	Saft von ½ Zitrone
1	dichte Backform mit mind. 30 cm Durchmesser

FÜR DEN TEIG

300 g	Mehl
1	Ei
2 EL	Naturjoghurt
1 Prise	Salz
bis zu 100 ml	Milch
etwa 100 g	Speisestärke zum Ausrollen
	gehackte Nüsse oder Pistazien zum Bestreuen

FÜR DIE FÜLLUNG

200 g	gehackte Nüsse (nach Belieben eine Sorte oder gemischt; z. B. Mandeln, Walnüsse, Paranüsse, Cashewnüsse oder Haselnüsse)
100 g	geschmolzene Butter zum Bestreichen

ZUBEREITUNG

- Für den Sirup in einem großen Topf Zucker, Wasser und Zitronensaft zum Kochen bringen. Den Sirup bei geringer Hitze etwa 5 Min. köcheln lassen. Zur Seite stellen und erkalten lassen.
- Für den Teig Mehl, Ei, Joghurt und Salz in eine Schüssel geben. So viel Milch einarbeiten, bis ein mittelfester Teig entsteht. Den Teig etwa 10 Min. ruhen lassen.
- Eine dichte Backform einfetten. Etwas Speisestärke auf eine Arbeitsfläche geben. Aus dem Teig etwa 35 Kugeln formen und diese in Fünfer-Gruppen einteilen. Alle Teigkugeln einer Gruppe zu Teigfladen von etwa 10 cm Durchmesser ausrollen, großzügig mit Speisestärke bestreuen und übereinander schichten. Den Stapel noch einmal mit Speisestärke bestreuen

und alle fünf Fladen auf einmal in der Größe der Backform dünn ausrollen. Auf bemehlten Küchentüchern ausbreiten. Restliche Teiggruppen ebenso ausrollen – insgesamt 7 Teigplatten.

- Eine Teigplatte in die Springform legen. Überstehende Ränder abschneiden. Darauf etwas Füllung gleichmäßig verteilen. Abwechselnd Teigplatte und Nussfüllung schichten und mit einer Teigplatte abschließen.
- Die Baklava mit einem scharfen Messer in die gewünschte Form (Quadrate oder Rauten) schneiden. Die geschmolzene Butter gleichmäßig und langsam über die Baklava gießen, so dass die gesamte Oberfläche mit Butter überzogen ist.
- Baklava im vorgeheizten Backofen auf der mittleren Schiene bei 200 °C (Umluft 180 °C) in etwa 30–40 Min. goldbraun backen. Nach 20 Min. mit Alufolie abdecken.
- Baklava etwa 5 Min. abkühlen lassen. Anschließend mit dem erkalteten Sirup begießen und diesen einziehen lassen. Nach Belieben mit gehackten Nüssen und Pistazien bestreuen. Kalt servieren.

TIPP

Sie können die Baklava auch mit fertigen »Yufka-Blättern für Baklava« aus dem türkischen Feinkostladen zubereiten. Dazu brauchen Sie eine Packung Yufka-Blätter (570 g). Diese Teigblätter passend für die verwendete Backform zurechtschneiden und wie oben beschrieben schichten, buttern und backen.

Feine Teigfäden mit Pistazien
Kadayıf

ZUTATEN FÜR 10–12 PERSONEN

FÜR DEN SIRUP

750 g Zucker
1 l Wasser
Saft von ½ Zitrone
1 dichte Backform mit mind. 30 cm Durchmesser

AUSSERDEM

400 g Kadayıf (feine Teigfäden aus dem türkischen Feinkostladen), nicht vorgebacken
200 g geschmolzene Butter
200 g gehackte, ungesalzene Pistazien
gehackte Pistazien zum Bestreuen

ZUBEREITUNG

- Für den Sirup in einem großen Topf Zucker, Wasser und Zitronensaft zum Kochen bringen. Den Sirup bei geringer Hitze etwa 5 Min. köcheln lassen. Zur Seite stellen und erkalten lassen.
- Kadayıf vierteln, um besser damit hantieren zu können. In eine große Schüssel geben, geschmolzene Butter darüber gießen und das Ganze mit den Händen gut vermengen, so dass die Kadayıf vollständig gebuttert sind.
- Eine dichte Backform einfetten und die Hälfte der Kadayıf gleichmäßig auf dem Formboden verteilen, leicht andrücken. Gleichmäßig mit Pistazien bestreuen. Mit den restlichen Kadayıf bedecken und diese gut andrücken.
- Kadayıf im vorgeheizten Backofen auf mittlerer Schiene bei 200 °C (Umluft 180 °C) in etwa 25–30 Min. goldbraun backen. Eventuell nach 20 Min. Backzeit mit Alufolie abdecken. Anschließend etwa 10 Min. abkühlen lassen.
- Den abgekühlten Sirup mit einer Schöpfkelle langsam und gleichmäßig auf den noch lauwarmen Kadayıf gießen und einziehen lassen. Vollständig abkühlen lassen. Mit gehackten Pistazien bestreut servieren.

Süßgebäck
Şekerpare

ZUTATEN FÜR ETWA 40 STÜCK

FÜR DEN SIRUP

750 g	Zucker
1 l	Wasser
	Saft von ½ Zitrone

FÜR DAS GEBÄCK

3	Eier
3 EL	Joghurt
250 g	Margarine
1 Päckchen	Backpulver
1 Päckchen	Vanillezucker
875 g	Mehl Type 405
250 g	Weizengrieß

ZUBEREITUNG

- Für den Sirup in einem großen Topf Zucker, Wasser und Zitronensaft zum Kochen bringen. Den Sirup bei geringer Hitze etwa 5 Min. köcheln lassen. Zur Seite stellen und erkalten lassen.
- Den Backofen auf 200 °C (Umluft 180 °C) vorheizen. Ein Backblech mit hohem Rand (3 cm) einfetten.
- Für das Gebäck alle Zutaten in einer Schüssel zu einem geschmeidigen Teig verarbeiten. Aus dem Teig walnussgroße Bällchen formen und diese leicht flach drücken. Die Bällchen dicht nebeneinander auf das Blech legen.
- Auf mittlerer Schiene des Backofens in 15–20 Min. goldgelb backen.
- Den erkalteten Sirup langsam auf das noch warme Gebäck gießen und einziehen lassen. Das Süßgebäck vor dem Servieren vollständig abkühlen lassen.

Grießkuchen mit Sirup
Revani

ZUTATEN FÜR 8–12 STÜCK

FÜR DEN SIRUP

750 ml Wasser
400 g Zucker
Saft von ½ Zitrone

FÜR DEN TEIG

3 Eigelb
100 g weiche Butter
300 g Weizengrieß
300 ml Milch
1 gestrichener TL Backpulver
3 Eiweiß, steif geschlagen

ZUM GARNIEREN

50 g Mandelblättchen, ohne Fett geröstet

ZUBEREITUNG

- Für den Sirup in einem großen Topf Zucker, Wasser und Zitronensaft zum Kochen bringen. Den Sirup bei geringer Hitze etwa 5 Min. köcheln lassen. Zur Seite stellen und erkalten lassen.
- Eine dichte Backform (24 x 30 cm) einfetten. In einer Schüssel Eigelbe und Butter schaumig rühren. Grieß, Milch und Backpulver gründlich unterrühren. Eischnee unterheben. Teig in die Backform gießen und glatt streichen.
- Den Kuchen im vorgeheizten Backofen auf der mittleren Schiene bei 220 °C (Umluft 200 °C) in 20–30 Min. goldbraun backen. Etwa 5 Min. abkühlen lassen.
- Den Sirup mit einer Schöpfkelle langsam über den noch warmen Kuchen gießen und einziehen lassen. Grießkuchen vollständig abkühlen lassen. Dann in Rauten schneiden, mit gerösteten Mandelblättchen bestreuen und servieren.

Grieß-Helva
İrmik Helvası

ZUTATEN FÜR 6 PERSONEN

700 ml Milch
350 g Zucker
150 g Butter
200 g Weizengrieß
200 g gehackte Mandeln oder andere Nüsse

ZUM SERVIEREN

50 g geröstete Mandelstifte/-blättchen und 1 Handvoll kleine Rosenblätter

ZUBEREITUNG

- In einem Topf Milch und Zucker zum Kochen bringen. So lange umrühren, bis sich der Zucker aufgelöst hat. Herd ausschalten und die Milch-Zucker-Mischung abkühlen lassen.
- Butter in einem Topf erhitzen. Grieß zufügen und unter ständigem Rühren goldbraun rösten. Die Mandeln dazugeben und anrösten. Den Herd ausschalten.
- Die Milch-Zucker-Mischung unter ständigem Rühren langsam dazugießen. Deckel aufsetzen, vom Herd nehmen und 10 Min. ruhen lassen.
- Aus der noch warmen *Helva* kleine Röllchen formen und diese auf einer Servierplatte anrichten. Mit gerösteten Mandelstiften oder Mandelblättchen und Rosenblüten garniert servieren.

TIPP

Sie können diese Helva auch nach dem Kochen in eine gefettete schöne Form geben und glatt streichen. Nach dem Abkühlen auf eine Servierplatte stürzen, anschneiden und mit Mandeln und Rosenblüten garniert servieren.

Glossar

VERWANDSCHAFTS-
BEZIEHUNGEN

Abi: großer Bruder
Abla: große Schwester
Amca: Onkel, Bruder des Vaters
Anne: Mutter
Baba: Vater
Dayı: Onkel, Bruder der Mutter
Dede: Großvater, Opa
Erkek Kardeş: jüngerer Bruder
Enişte: Onkel, Ehemann der Schwester
Hala: Tante, Schwester des Vaters
Kardeş: Geschwister
Kız Kardeş: jüngere Schwester
Kuzen: Cousin; gebräuchlicher ist amca/dayı/teyze/hala oğlu; für uns waren sie abi, wenn sie älter waren als wir.
Kuzin: Cousine; gebräuchlicher ist amca/dayı/teyze/hala kızı; für uns waren sie abla, wenn sie älter waren als wir.
Nene: Großmutter, Oma
Teyze: Tante, Schwester der Mutter
Yenge: Tante, Ehefrau des Onkels

BEGRIFFE UND ZUTATEN

Beyaz Peynir: Türkischer Fetakäse. Diesen gibt es mit unterschiedlichem Fettgehalt und aus Kuh- oder Schafsmilch. Am beliebtesten für Teigtaschen ist der milde Fetakäse aus Kuhmilch. Zum Frühstück oder als Vorspeise werden die würzigen gehaltvolleren Varianten bevorzugt.
Biber Salçası: Paprikamark
Domates Salçası: Tomatenmark
Ekmek: Brot
Haspir: (Carthamus tinctorius) Safranersatz; wird gern in Anatolien benutzt. Er färbt die Speisen wie Safran, hat aber nicht dessen Aroma.
Kaşar Peyniri: Türkischer Schnittkäse. Diesen gibt es sowohl aus Schafsmilch als auch aus Kuhmilch. Dieser Käse kann wie Gouda oder Emmentaler benutzt werden.
Lokum: Auch bekannt unter »Turkish delights«: eine aus Zucker, Stärkemehl und Wasser hergestellte Süßigkeit, die nach dem Erkalten in kleine Würfel geschnitten und mit Puderzucker bestreut wird. Beliebt sind die Sorten mit Nüssen, Pistazien oder Rosenwasser.
Mahlep: Gemahlene Steinweichselkerne. Wird gern zur Verfeinerung von Nachspeisen benutzt.
Mangal: Türkisch für Grill

Masa: Tisch
Mutfak: Küche
Nar Ekşisi: Granatapfelsirup
Pastırma: Türkischer Schinken. Dies ist eine Spezialität aus Kayseri; luftgetrocknetes Kalbfleisch umgeben von einer würzigen Paste aus Knoblauch, Paprika und Bockshornkleesamen.
Pul Biber: Eine Gewürzmischung aus Chiliflocken und Paprikapulver.
Sac: Nach oben hin leicht gewölbte Eisenpfanne, die zumeist zum Garen über offenem Feuer benutzt wird.
Sivri biber: Scharfe türkische Peperoni
Sofra: Gedeckter Tisch
Sucuk: Knoblauchwurst
Sumach: (Rhus coriaria) Sumach sind die Beeren eines in Anatolien wildwachsenden Strauchs. Die Beeren gibt es ganz oder gemahlen in türkischen Feinkostläden. Sie werden gern als Säuerungsmittel benutzt.
Tahın: Sesampaste. Es gibt Sesampaste aus gerösteten und nicht gerösteten Sesamsamen, Letztere ist die weiter verbreitete Version.
Tulum Peyniri: Gereifter würziger Käse. In Deutschland leider nur schwer zu bekommen. Im türkischen Feinkostladen ist eine Sorte erhältlich, die an den Geschmack erinnert. In der Türkei gibt es diesen Käse in verschiedenen Reifegraden und Milchsorten.
Yemek: Essen
Yufka: Hauchdünne Teigfladen. Sie werden knusprig gebacken – wie Knäckebrot – und halten sich über mehrere Monate. Vor dem Essen, werden sie leicht angefeuchtet und mit Baumwolltüchern bedeckt, bis sie weich genug zum Falten sind. Im türkischen Feinkostladen sind fertige, nicht vorgebackene Yufka-Blätter entweder ganz oder in Dreiecke geschnitten erhältlich.

FESTE UND BESONDERE TAGE

Ramadan- und Zuckerfest

Der Monat »Ramazan« im islamischen Kalender ist der Fastenmonat, dessen Ende mit einem dreitägigen Fest gefeiert wird – dem wichtigsten islamischen Fest.
Opferfest: Dieses Fest dauert vier Tage und findet etwas über zwei Monate nach dem Ramadanfest statt – am »10. Zilhicce« des islamischen Kalenders. An diesem Tag werden insbesondere Schafe geschlachtet; zwei Drittel des Opferfleischs werden an Arme und Bedürftige verteilt, der Rest wird mit Gästen verspeist.
Aşure: Etwa ein Monat nach dem Opferfest und 9 Tage nach dem islamischen Neujahr wird am »10. Muharrem« des islamischen Kalenders Aşure gekocht und an Freunde, Nachbarn und Bekannte verteilt und mit Gästen gegessen. Es ist eine Art Dankfest.

Rezepte nach Gruppen

DANKE – TEŞEKKÜRLER

Dankbar bin ich meiner Nene, Dede, Baba und Anne, die mir die Freude am Kochen und Gästebewirten vererbt haben. Sizler hep kalbimdesiniz.

Ganz herzlich bedanken möchte ich mich bei meinem Ehemann Burkhard, der die Initiative für dieses Kochbuch gegeben, an mich geglaubt und mich während der langen Zeit der Entstehung immer geduldig begleitet, unterstützt und mich aufgebaut hat. Ohne ihn gäbe es dieses Buch nicht.

Canım kardeşlerim benimle anılarınızı paylaştığınız ve beni daima desteklediğiniz için sizlere çok çok teşekkür ederim.

Bei all meinen Testessern und Testköchen möchte ich mich ganz herzlich bedanken, deren Namen ich hier aus Platzgründen nicht alle aufzählen kann.

Einen lieben Dank auch dem Gerstenberg Verlag, der die Realisierung dieses Kochbuches übernommen hat. Ein großes Dankeschön geht an die Illustratorin Claudia Lieb für die wunderschöne Gestaltung des Buches.